Reizen door een onvoltooid verleden

Pierre Heijboer

Reizen door een onvoltooid verleden

Het oude Indië in het nieuwe Indonesië

De Haan · Haarlem

Waktoe doeloe
Waktoe sekarang
Waktoe Bengkoeloe
Waktoe Semarang

Omslagontwerp: Chris de Goede
Lay-out: Pierre Heijboer

Op het omslag: De visvijvers van Tjipanas, gefotografeerd rond 1920. *Inzet:* dezelfde vijvers nu.
Achterzijde omslag: De Anei-kloof op Sumatra, in de vorige eeuw en vandaag de dag.
Frontispice: De tempel van Singosari tegen het einde van de vorige eeuw. *Inzet:* de tempel zoals hij er tegenwoordig uitziet.
Hiernaast: De aloon-aloon van Garoet in 1920. *Inzet:* de aloon-aloon in 1977.

ISBN 90 228 4087 5

”Elk afscheid is de geboorte
van een herinnering.”

SALVADOR DALI

nooit in een kamer die ooit met bloed is besmet kunnen wonen, maar die studenten blijkbaar wel. Mijn vriendinnen hadden allebei een zonnebloem voor me meegebracht. We hebben gezongen, gehuild en gelachen. Het was allemaal heel onwerkelijk."

Ze praat afwisselend in het Nederlands en in het Engels. Ze woont in een forensenplaats in de buurt van Tel Aviv, recht tegenover het huis van haar Nederlandse moeder en haar Israelische stiefvader. Aan de muur in haar slaapkamer hangt een foto van Andre Spitzer, de spil van het gespleten gezin en de coach van de Israelische schermploeg. Tijdens het gesprek wordt duidelijk dat de relatie met haar stiefvader niet kan tippen aan de bijna mysterieuze band met haar echte vader. Wat bindt een baby van

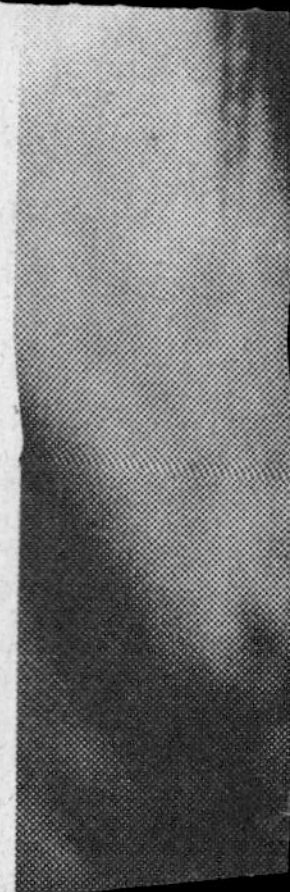

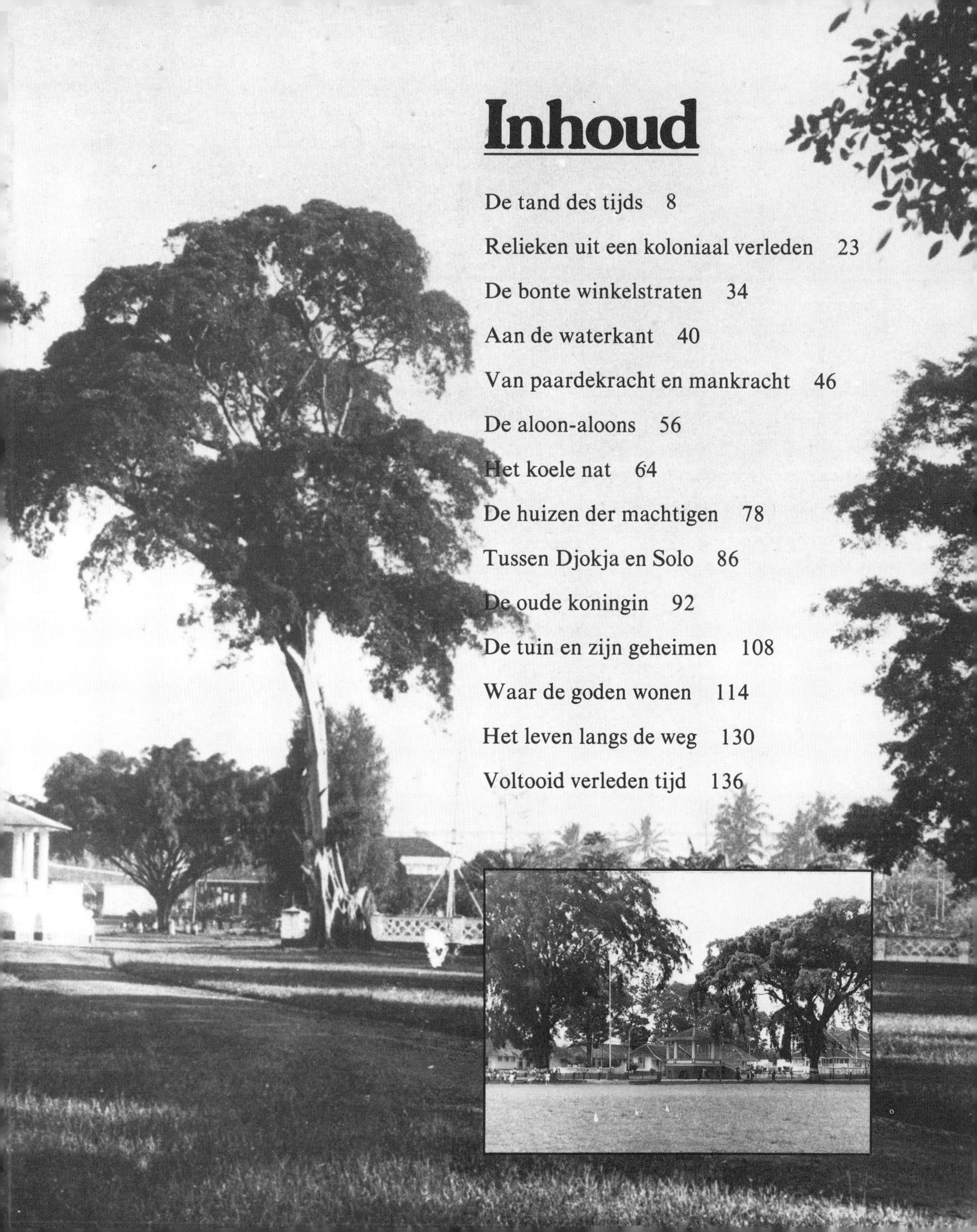

Inhoud

garuda
garuda
krueng aceh

Woord vooraf

Vele duizenden Nederlanders-met-een-Indische-achtergrond zijn in de afgelopen jaren terug geweest naar het land waar zij een deel van hun leven hebben doorgebracht. Zij hebben persoonlijk de vergelijking kunnen maken tussen het Indië van toen en het Indonesië van nu. Een veel groter aantal van die Nederlanders heeft deze kans echter niet gehad, en zal deze ook nooit krijgen.

Om ook deze groep Nederlanders toch een soort reisje-terug te bezorgen ben ik enige jaren geleden begonnen aan de samenstelling van dit boek. Tijdens een paar korte en één lange reis ben ik kriskras door Indonesië getrokken, met de fotokopieën van oude tekeningen, schilderijen en foto's op zak. Daarbij heb ik gereisd met ouderwetse 'delemans', Fokker Fellowships van de Garuda en alles wat daar aan vervoermiddelen tussen ligt – en dat is in Indonesië heel wat. Uit de honderden vergelijkende foto's en teksten die dit heeft opgeleverd is voor dit boek een keuze gemaakt. Veel heb ik met pijn in het hart moeten laten vervallen, maar ik hoop dat er voor dat 'reisje-terug' nog genoeg is overgebleven.

Indonesische woorden en plaatsnamen zijn in dit boek veelal geschreven in de oude spelling, waarin een 'oe' nog gewoon een Hollandse 'oe' was. Ik heb dat gedaan om die woorden en plaatsnamen voor de oudere generatie lezers zo herkenbaar mogelijk te maken. Alleen dáár waar ik het nadrukkelijk heb over een hedendaagse situatie heb ik de huidige spelling van de Bahasa Indonesia aangehouden.

Velen zijn mij bij de samenstelling van dit boek behulpzaam geweest. Twee van hen wil ik graag met name noemen: drs. E. Spruyt van het Koninklijk Instituut voor de Tropen, en Paul Jansen, mijn reis- en lotgenoot tijdens mijn omzwervingen door de Indonesische archipel.

Amsterdam-Bijlmermeer, september 1980

Pierre Heijboer

De tand des tijds

Het prille groen van de jonge padi . . .
de blauwige bergen in de verte . . .
de geuren van houtskoolvuur, krètèk en vruchteschillen . . .
de weerspiegeling van palm- en pisangbomen in een sawa . . .
het donkerrood van pannedaken, verscholen tussen het groen . . .

Het zijn beelden die voor altijd vastliggen in de herinnering van iedereen die ooit in 'Nederlandsch Oost-Indië' was. Schilders, tekenaars en fotografen hebben in de loop der tijden gepoogd iets van die beelden, iets van die Indische sfeer, vast te leggen op linnen, canvas en papier. Slechts enkelen van hen lukte dat helemáál. De ene keer schoot hun talent tekort, en waren ze bij voorbaat gedoemd hun worsteling met al dat vreemde groen en blauw te verliezen – de andere keer waren hun technische middelen niet toereikend. Dat laatste gold in het bijzonder voor de fotografen, die een bij uitstek kleurige wereld moesten zien te vangen in zwart-wit of bruin-wit.

Toch kwamen ze er soms heel dicht bij. Zoals de toekang portret die in het begin van deze eeuw zijn driepoot opstelde bij de visvijvers van Tjipanas, in de buurt van Garoet. De zaligmakende rust die hier heerste – je hoorde alleen het ruisen van de watervalletjes tussen de verschillende vijvers, het tjirpen van de krekels en de stap van een koppel karrepaarden – straalt je van zijn foto (de bovenste op de bladzijde hiernaast) als het ware tegemoet.
Wie er (zoals wij voor dit boek gedaan hebben) op uit gaat om iets van die oude beelden terug te vinden in het tegenwoordige Indonesië, moet erop rekenen dat hij nogal wat speurwerk moet verrichten. Want de tijd heeft hier en daar hard toegeslagen. Zo goed als overal is het beeld gewijzigd. De ene keer radicaal, de andere keer wat subtieler. Maar meestal is er nog wel iets dat houvast biedt. Een paar woorden op de achterkant van een oude foto, de lijn van een heuvelrug, de loop van een kali . . .

Zo ook in Tjipanas (hiernaast, onder). De palmen staan er nog – al zullen het wel andere zijn dan die op de oude plaat; over het weggetje rijden nog steeds sado's en andere karretjes; en al slieren er wolken over hun top, de heuvels op de achtergrond liggen ook nog waar ze altijd al lagen.
Dat alles vanaf precies dezelfde plaats opnieuw fotograferen was hier niet mogelijk. Een paar pisangbomen belemmerden het uitzicht. Maar een tiental meters verderop ging het wél . . .
De vijver, de eerste voor wie uit de richting van Garoet kwam, ligt nu droog, en aan de kant van de weg is een gebouwtje neergezet. Maar daarachter liggen de vijvers er nog net zo als tachtig jaar geleden. En de enige geluiden die je er hoort zijn die van de watervalletjes, de krekels en de karrepaarden . . .

Wie het in het oude Djokjakarta over Lodji had bedoelde daarmee het Hollandse fort in de stad. Het buurtje náást het fort, dat voornamelijk door Hollanders werd bewoond, heette – het kon moeilijk anders – Lodji Ketjil. En zo heette ook een van de straten in die buurt.

Rond 1920 zag deze Djalan Lodji Ketjil er nog uit zoals op de foto hierboven. Een onverhard wegdek, weinig bomen en ruime, goed onderhouden huizen met brede voorgalerijen.

Vanaf die galerijen – het heerlijke niemandsland tussen binnen en buiten – konden de bewoners van die huizen, genietend van een kopi toebroek of een schuimend glas 'Koentji', kijken naar wandelende stadsgenoten, rammelende andongs en wat er verder zoal voorbij kwam.

Slamat soré toean . . .
Slamat soré . . .
Apa kabar toean . . .
Kabar baik mas . . .

Maar toen kwam de dag – waren de toeans al terug naar Holland? – dat al die mooie galerijen eraan moesten geloven om ruimte te maken voor de

stroom auto's, karren, minibusjes, motorfietsen en betja's, die vandaag de dag voortsnellen over de eens zo rustige straat.
Hoe de amputatie in zijn werk is gegaan is nog goed te zien aan het eerste huis rechts, op de foto op bladzijde 11. Vóór de voorgevel is alles verdwenen. Op de plaats van de galerij ligt nu het trottoir. Twee van de drie deuren zijn in ramen veranderd. Alleen de achterste is nog dezelfde deur.

Overigens heeft ook Djalan Lodji Ketjil intussen zijn oude naam moeten afstaan aan een militair. De straat heet nu Jalan Mayor Suryotomo. Maar wie er per taxi of betja heen wil kan – om niet de kans te lopen heel ergens anders terecht te komen – toch nog maar het beste zeggen, dat hij naar Lodji Ketjil wil.
Het bord rechts op de nieuwe foto laat zien dat het verkiezingstijd was toen deze opname (daterend van maart 1977) werd gemaakt. Omdat méér foto's voor dit boek in die periode gemaakt werden – en de borden werkelijk alomtegenwoordig bleken – zult u ze op de bladzijden die volgen nog vaker tegenkomen.

KANTOR
PAS PELABUHAN
SUNDA KELAPA

De bovenste foto op de pagina hiernaast toont de oeroude 'Stads-Herberg' aan het Jaagpad in Batavia. Hoeveel 'totoks' zouden hier, vlak bij de haven, hun eerste Javaanse nacht hebben doorgebracht? En hoeveel Indischgasten hebben er, na een leven in de tropen, hun laatste glas Indisch bier gedronken alvorens naar Holland terug te keren . . . ?
Hoe het ook zij, er is daar tussen de twee stenen leeuwen aan weerszijden van de galerij, heel wat afscheid genomen – en heel wat verwelkomd.
Die sfeer van aankomst en vertrek spreekt ook uit de vele rijtuigjes die er – op een warme ochtend in 1870 of daaromtrent – op klanten wachten.
De foto daaronder: hij staat er nog wel, de oude stadsherberg, maar hij is nauwelijks meer te herkennen. Het gebouw is, zoals gebruikelijk, ter hoogte van de pilaren 'dichtgebouwd', en het is ook geen herberg meer. Er is een aantal havenkantoren in ondergebracht en de plaats van de rijtuigjes is ingenomen door bromfietsen en motoren.

Op de twee foto's die op déze pagina staan valt iets makkelijker te zien dat het om hetzelfde gebouw gaat. Het is de missigit van Palembang. De bovenste plaat is gemaakt in mei 1922. Het grote plein voor de moskee is nog een en al leegte en rust.
De foto eronder dateert uit onze dagen. De missigit is nog wel herkenbaar – al zijn er een minaret en nog wat andere torens bijgebouwd – maar het plein is in niets meer te vergelijken met dat uit 1922.

MAHKAMAH AGUNG

Op de pagina hiernaast: wat één enkele oude foto al niet voor herinneringen kan oproepen! Nou zal er ook moeilijk een nòg nostalgischer plaatje te vinden zijn dan dat van de tuin van de militaire sociëteit Concordia in het oude Batavia. Met z'n romantische lantaarns, z'n barokke vijver met de lieftallige nymfen, het strijkje op de achtergrond, de zoele avondwind, het geruis van het gebladerte . . .
Even kijken naar die bovenste foto op de bladzijde hiernaast . . . ogen sluiten . . . en je bent er weer, in die tuin.
Het is er tegenwoordig allemaal wat kaler, daar op de hoek van het oude plein; en wat opener. De soos heeft er een aantal pilaren bijgekregen. De zes, die vroeger de ingang markeerden, zijn op de onderste foto hiernaast nog net zichtbaar achter de zes die vandaag de dag het dak van de vooruitspringende ingang dragen.

Op deze bladzijde staat drie keer hetzelfde koloniale gebouw in Makassar. Het maakt deel uit van het Hollandse fort Rotterdam, dat hier al eeuwen lang de haven bewaakt.
Op de bovenste foto het gebouw een eeuw geleden. Het diende toen als logiesgebouw voor de bezetting van het fort.
De middelste foto is een hàlve eeuw oud. Er is aan het huis een en ander verbouwd; het heeft meer ramen en meer deuren. De foto is van een iets grotere afstand genomen, zodat ook de boom en de overdekte put vóór het huis te zien zijn.
Op de onderste foto: hetzelfde gebouw nú. Bij de onlangs voltooide restauratie van fort Rotterdam is het teruggebracht in zijn oorspronkelijke staat. De put is er nog, de boom niet meer.

Batoe Toelis heet het er . . . Beschreven Steen. De woorden op die steen, een rotsblok in een bruisende rivier, verhalen over een zekere koning Poernawarman, die hier meer dan duizend jaar geleden heerste over een rijk dat Taroemanegara heette. Poernawarmans rijk is lang vervlogen, maar Batoe Toelis is nog altijd een land van rotsblokken en snelstromende rivieren, die zich hier een weg banen tussen twee machtige Westjavaanse bergreuzen, de Salak aan de ene en de Gedé aan de andere kant.
Batoe Toelis is derhalve ook een land van bruggen. Wie één daarvan, die over de Tjipekantjilan, overgaat en dan de naar het zuiden draaiende weg volgt ziet op een gegeven moment de rivier, de brug en de huizen van Batoe Toelis beneden zich liggen. Hoe het uitzicht vanaf die hoogte honderd jaar geleden was toont de foto hierboven.
Nog iets ouder moet de tekening zijn die gebruikt werd voor de steendruk, bovenaan op de bladzijde hiernaast. Het landschap is duidelijk hetzelfde, maar er staat nog pas één afdakje rechts van de brug.
Vandaag de dag (hiernaast, onder) loopt tussen het uitkijkpunt en Batoe Toelis het spoorlijntje van Bogor naar Soekaboemi. Maar daarachter stroomt als vanouds de rivier. De brug is nu weliswaar van staal, en de huisjes daar beneden zijn van steen, maar het totaalbeeld is toch maar weinig veranderd.

De benedenstad van Soerabaja was (en is) ongetwijfeld wat rommeliger en onoverzichtelijker dan die van andere Indische plaatsen. Lang geleden schreef een kronikeur er al eens over: 'Alle fouten die men heeft kunnen maken om het aspect van dit stadsdeel zoo afgrijselijk mogelijk te doen worden, zijn inderdaad gemaakt. Niets deugt, niets staat op zijn plaats, alles is even afstootelijk en leelijk. Het geheel maakt een slordigen, morsigen indruk.'
Maar dat was (en is) nou juist de charme van Soerabaja!
Trouwens – het centrum had ook heel nette, rustige straten. Neem Niaga, toch een toonbeeld van rust toen de bovenste van de foto's op deze pagina in 1920 werd gemaakt! Vandaag de dag (de onderste plaat) is het ook op Niaga met die rust gedaan.

Soms valt erg moeilijk na te gaan wat er in de loop der jaren met een bepaald gebouw precies gebeurd is. Zoals dit oude handelshuis in Jakarta. De bovenste foto op deze bladzijde laat zien hoe het eruit zag rond 1890. Daaronder een opname van twee jaar geleden. Dat het hetzelfde huis is staat vast. Maar wàt is eraan veranderd? Heeft men het oude balkon eraf gesloopt en op de begane grond het voorste gedeelte van het huis tot galerij gemaakt? Of is die galerij gebouwd ònder het oude balkon, zodat de vroegere voorgevel nu achter de voorste pilaren ligt? Waarschijnlijk kan het antwoord alleen maar gevonden worden in de archieven van Jakarta's dienst voor Bouw- en Woningtoezicht, waar de verbouwing van het huis ooit aangemeld moet zijn.

En dan zo'n straatje in Makassar . . . Het was er in het begin van de vorige eeuw zó stil, zó ingetogen en zó 'Indisch', dat Antoine Auguste Payen, een wat timide Belgische schilder die in die jaren voor zijn Hollandse meesters door Indië trok, er een schets van maakte. Later, terug in Europa, werkte hij die met de liefde voor het detail die hem eigen was uit tot het schilderij dat hierboven is afgebeeld.

Poortjes, pilaren, dikke witte muren en een licht waar de hitte van afslaat bepalen het beeld. Palmen en tamarindes geven maar weinig schaduw. Loom bewegen zich de mensen die op dit uur van de dag op straat zijn . . .

Anno 1977 (de foto links onder) is Payens straatje de weg gegaan van zoveel straatjes in oude Indische stadsgedeelten. De hitte is gebleven; zo ook de

bandjirgoot in de straatrand. Maar de voorspoed is verdwenen. De deftigheid heeft plaats gemaakt voor verval; de rust voor rommeligheid. Dat dit hetzelfde straatje is valt nauwelijks te geloven. Toch is de foto genomen vanaf dezelfde plaats waar Payen zat toen hij – meer dan anderhalve eeuw geleden – zijn tekening maakte.

Rond 1900 verschijnt het straatje van Payen, althans wat er dan nog van over is, op een ansichtkaart (hierboven). Kende de maker van de ansichtfoto Payens schilderij? Waarschijnlijk wel. Zijn opname laat overigens iets meer van de straat zien dan het schilderij. Veel meer pilaren bij voorbeeld. Rechts van de weg (onderste foto) zijn ze intussen allemaal weer verdwenen, maar aan de linkerkant zijn er vier blijven staan. En ze dragen nog altijd hetzelfde afdakje . . .

In Malang, de 'bergstad van Oost-Java', was het best wonen. 'De nachten,' zo liet het gemeentebestuur van de stad in 1927 in een brochure zetten, 'zijn koel, terwijl ook overdag nimmer een afmattende hitte wordt gevoeld. Men voelt zich opgewekt en frisch, het werk valt licht.' En zó was dat!
Op deze pagina twee keer hetzelfde stukje Malang. De bovenste foto staat op een ansichtkaart uit omstreeks 1910; de opname daaronder is gemaakt op 18 maart 1977.

Relieken uit een koloniaal verleden

Spoorwegstations en postkantoren behoorden – mèt de gouvernementsgebouwen en handelshuizen – tot de uiterlijke tekenen van Beschaving en Vooruitgang die door de Hollandse bestuurders in heel 'Indië' werden opgericht. Een plaats die met name met stations rijk gezegend werd was Soerabaja. De stad telde er op een gegeven moment liefst zes, waarvan vier voor personenvervoer. Het voornaamste was het station-Kotta. De bovenste foto toont hoe dit station er zo'n zestig jaar geleden uitzag. Daaronder: hetzelfde station (dat nu Stasion-Semut heet) in 1977.
Dááronder – compleet met rood-wit-blauw – het oude postkantoor van Soerabaja. Ook deze foto dateert van rond 1920. Lang geleden al werd het kantoor vervangen door een nieuw, veel groter gebouw, een paar honderd meter verderop. Tegenwoordig (de onderste foto) is in het oude postkantoor een afdeling van het kadaster gevestigd.

Iets verder de baai in, aan de weg die van de stad Ambon naar het tegenover haar liggende schiereiland voerde, lag verscholen tussen het groen de rustieke verblijfplaats van de Hollandse gezaghebber op Ambon. Hoewel de vierkante aanleg van het gebouw verraadde dat het zonodig ook een fort kon zijn, ademt de omgeving ervan, met de vijvers en de vele lommerrijke laantjes een en al vredigheid. 's Ochtends, als de nevels die 's nachts vanuit zee tegen de eerste heuvels oprolden, nog niet helemaal verdwenen waren, kon het er overigens behoorlijk koel zijn. Omdat het op de oude foto, die op bladzijde 24 staat, boven de baai nog behoorlijk heiïg is, moet die vroeg op de dag gemaakt zijn.

De foto op de bladzijde ernaast is – nog niet zo lang geleden – genomen rond het middaguur. De baai en de bergen van Hitoe zijn er duidelijk op te zien. Ook is duidelijk waarom men deze residentieplaats 'Het Kampement' is gaan noemen. Want de gebouwen die in later jaren rond het oude gouvernementshuis werden opgetrokken hadden veelal een militaire bestemming. Dat hebben ze ook vandaag de dag nog. En net als hun KNIL-collega's van weleer wonen de soldaten van de Republik Indonesia er in een omgeving die met recht 'lommerrijk' genoemd mag worden.

Overal waar Hollanders zich vestigden verrees spoedig ook een sociëteit. Op de bovenste foto staat die van Pasoeroean, op Oost-Java.
Pasoeroean is door Louis Couperus als 'Laboewanggi' beschreven in zijn boek 'De stille kracht'. Couperus schreef deze roman toen hij in 1899 logeerde bij zijn zwager, die in Pasoeroean resident was. Het gezellige residentiehuis waar hij verbleef is helaas afgebroken, maar de 'Harmonie', waar de schrijver ongetwijfeld ook de nodige tijd heeft doorgebracht, staat er nog – al zijn de borreltafels er al lang uit verdwenen. Tegenwoordig is er, zoals de onderste foto laat zien, een vormingsinstituut in gevestigd. De stille straat waaraan de oude 'soos' ligt is echter nog net zo 'Indisch' als in 1900. En er wordt ook nog altijd met 'ès' gevent . . .

Waar in lang vervlogen tijden de Portugezen al eens een sterkte bouwden verrees rond 1775 het Nederlandse fort 'Nieuw Victoria'. De hoofdpoort van de vesting (bovenste foto), die getooid was met de wapens van de roemruchte Vereenigde Oost-Indische Compagnie en van Hollandse steden en gewesten, zag uit op de baai van Ambon. De schildwacht aan die poort bewaakte historische grond. Wat was er op die plek al niet voor bloed gevloeid vóór het nieuwe fort er kwam . . . en hoeveel zou er daarná op het arme Ambon nog vloeien . . .
Het korte, maar ingrijpende regiem van de Japanners, de bombardementen tijdens de tweede wereldoorlog, de verbitterde gevechten tussen de strijders van de 'Republiek der Zuid-Molukken' en die van de Republik Indonesia . . . de eens zo trotse vestingpoort is er zwaar door geschonden. Er is in Indonesië weinig zó tekenend voor het verval van koloniale macht en grootheid als dit trieste brok stenen aan de baai van Ambon.

De oude, ronde Willemskerk aan de oostzijde van Batavia's Koningsplein is ongetwijfeld een van de meest geschilderde, getekende en gefotografeerde gebouwen van Indië's hoofdstad. De bovenste prent op deze bladzijde toont de afbeelding die jonkheer J. Rappard maakte voor de omvangrijke reisbeschrijving van zijn vriend M. Perelaer, die in 1888 verscheen.

'Dat witte gebouw met dien koepel en die zuilenrij,' schrijft Perelaer, 'dat is de Willemskerk, een protestantsch bedehuis, wel het fraaiste gebouw van het geheele Koningsplein, wellicht van geheel Batavia, van geheel Nederlandsch-Indië. Die kerk werd in 1835 gebouwd. Haar pronaos (voorportaal) is naar het Koningsplein gekeerd. Het eigenlijke kerkschip is cirkelvormig en rechts en links door

een zuilengang omgeven.'

Op de foto daaronder dezelfde kerk, zoals hij er nu staat, vanuit dezelfde hoek gezien. Iets meer in het groen – en zonder landauers op de straat ervóór.

Op bladzijde 29 staat ook twee keer de Willemskerk, die tegenwoordig overigens Immanuelkerk heet, maar nu gezien vanaf het Koningsplein (tegenwoordig: Medan Merdeka). De bovenste afbeelding is van C.W.M. van de Velde, die ons zoveel lieftallige prenten van het oude Indië heeft nagelaten. De foto daaronder laat zien dat de 'Immanuel' zachtjesaan weer aan een restauratiebeurt toe is.

Op deze bladzijde weer zo'n typische Indische poort. Het is de zuidelijke kraton-poort in Djokjakarta, gefotografeerd tegen het einde van de vorige eeuw. Het zware geboomte erachter versterkt de indruk dat achter die poort een andere wereld lag, een wereld waarin de 'geheimen van de kraton' nog èchte geheimen waren . . .
Daaronder dezelfde poort vandaag de dag. Het bouwwerk is nog altijd even massaal – en bijna even wit – als een eeuw geleden. Maar het geheim eràchter is verloren gegaan . . .

De 'naald' of 'witte paal' aan het eind van Malioboro in het oude Djokja. Hij dateerde nog uit de tijd dat de sultans in hun eigen stad wat méér te zeggen hadden dan in 1920, toen de bovenste foto op bladzijde 31 gemaakt werd. De paal duidde het punt aan tot waar de weg naar het noorden vanuit de kraton overzien kon worden. In vroeger dagen mocht ieder die uit deze richting kwam de kraton vanaf die paal slechts te voet benaderen. Doch de tijden kwamen dat de grenspaal de vreemdeling géén respect meer inboezemde. Reizigers en kooplui trokken zich van het oude gebod niets meer aan. En dat deden ook de soldaten niet, die meer dan eens langs de oude grenspaal optrokken naar de kraton van Djokja's sultan. De laatste keer gebeurde dat in 1948, toen Nederlandse luchtlandingstroepen de route langs de naald kozen bij hun verrassende aanval op de toenmalige hoofdstad van de Republiek Indonesië . . .
De foto daaronder, genomen in 1979, bewijst dat de naald het allemaal ongeschonden heeft overleefd. Hij staat er nog steeds, en hij zal er blíjven staan, als een van de vele dingen op Java die herinneren aan oude, glorierijke tijden.

Vol 'Hollands verleden' is de sfeer rond de oude moskee van Bantam op West-Java. Een paar honderd meter van de plaats waar nu de zware, witte minaret staat, zette op een junidag in 1596 voor het eerst een Nederlander (een adelborst van de vloot van Cornelis Houtman) voet op Indische bodem. Dat gebeurde op de oever van een rivierarm die tegenwoordig zo goed als droog staat en niets, geen steen, geen enkel teken, herinnert aan die historische gebeurtenis.
Maar voor de rest heeft bijna àlles in Bantam wel iets 'Hollands'. Zo is de minaret van de moskee waarschijnlijk gebouwd onder supervisie van een Hollander, een zekere Lucas Cardeel. Deze was als scheepsjongen op een VOC-schip naar Indië gekomen en later in dienst gegaan van de sultan van Bantam. Door zijn bekwaamheden als bouwmeester verwierf hij veel aanzien aan het Bantamse hof. Dat de heren van de VOC hem een verrader en een overloper noemden deerde deze Lucas niet. Hij bouwde voor de Bantamse vorsten paleizen en andere zaken, en genoot ten volle van alles wat die vorsten hem te bieden hadden.
De hiernaast afgebeelde tekening van de moskee van Bantam werd rond 1870 gemaakt door Van de Velde.
Ook tegenwoordig (de foto hierboven) is de moskee van Bantam een plaats waar mensen naar toe komen om 'historie te proeven'. De Indonesiërs komen er echter niet zozeer voor Cardeels bouwwerken, maar voor sultan Hasanuddin, de grondlegger van het Bantamse vorstenhuis, wiens graf in de schaduw van de witte minaret nog dagelijks velen naar deze plaats trekt.

De bonte winkelstraten

Een winkelstraat was in het oude Indië meestal een 'Chinezenstraat'. En tegenwoordig is dat eigenlijk nog zo. Nog altijd zijn de nijvere Chinese handelaars overal in Indonesië te vinden. Door de tijden heen zijn zij trouwens steeds veel meer met Indië vergroeid geweest dan de Nederlanders. Hoewel ze hun vaak niet geringe kapitalen verdiend hebben met hard werken en een grote spaarzaamheid heeft hun greep op het economisch leven in de archipel meer dan eens geleid tot uitbarstingen van de Indische (en Indonesische) volksmassa. Als de tijden weer eens slecht waren, en honger en wanhoop in haat verkeerden, ging er een razende furie door de Chinese straten, die er na afloop vaak uitzagen als na een wervelstorm. Maar die storm luwde meestal even snel als hij gekomen was; waarna de Chinezen de scherven bij elkaar veegden, nieuwe voorraden bestelden en doorgingen alsof er niets gebeurd was.

De beroemdste Chinese straat in Indonesië was en is Pasar Baroe in Jakarta. En al lopen er tegenwoordig geen Chinezen met staarten meer rond – zoals op de bovenste foto hiernaast, die eind vorige eeuw genomen werd – de handel is er nog altijd levendig en voor het grootste deel in handen van Chinezen.

Wat het uiterlijk van de straat betreft is er in tachtig jaar alleen aan de linkerkant, vlak achter de brug, iets veranderd. De twee eerste huizen van de oude foto zijn daar verdwenen. De typische Chinese zijgevel, die daar nu boven het dwarsgebouwde huis uitsteekt, is echter nog dezelfde als die van het derde huis links op de oude foto. En verderop in de straat hebben de huisjes er alleen meer uithangborden bijgekregen. Aan de rechterkant staan de eerste huizen er nog net zo als tachtig jaar geleden. En half verscholen achter het verkeersbord is nog net het balkonnetje te zien waar vanaf de beide foto's op bladzijde 106 gemaakt zijn.

FABRIEK VAN GECOMPRIMEERDE
MOZAIEK CEMENT TEGELS
AT LONDON
15

KIMIA FARMA
ZENITH STORES
SPORTS
DAN
MUSIK

RD ZILVER
BYOUX UNIQUES
KELLER'S
KLEEDING
KELLER'S
KLEERMAKERIJ
MODES
D-744
D 2150
D 1576
D3868

Wat Pasar Baroe was voor Batavia, dat was Braga voor Bandoeng. Een heel stuk korter dan Pasar Baroe – je liep in vijf minuten van het ene eind naar het andere – maar wel met een Parijs-achtig sfeertje dat Pasar Baroe niet had. Braga was een straat om door te flaneren; een straat waar je niet alleen kwam om iets te kopen, maar waar je ook lekker op een terras kon zitten – op dat naast de kledingzaak van Keller bij voorbeeld.
Hoe levendig deze Bandoengse winkelstraat kon zijn toont de foto op de bladzijde hiernaast, die dateert uit de jaren dertig. Ná 1948 is het lange tijd stil geweest op Braga. Onherkenbaar was de straat voor wie zich de vooroorlogse drukte herinnerde. Doch de laatste jaren is Braga weer aardig bijgetrokken. Het is er weer redelijk druk en de middenstand floreert er weer.
De zaken hebben natuurlijk wel andere namen gekregen. Géén Keller's meer, geen Onderling Belang, geen Au Bon Marché, maar toko's met namen als Nusantara, Bintang en Djawa. De plaats van de Opels en de Fords is ingenomen door een grotendeels Japans wagenpark, dat tegenwoordig (zie de foto hierboven) nog maar aan één kant van de straat mag parkeren. Maar de eigen 'skyline' van Braga is onveranderd gebleven, en zowaar: ook het terras naast het vroegere Keller's is er nog.

De Grote Postweg Oost in Bandoeng, ter hoogte van sociëteit Concordia, waarvan rechts op de foto's nog een stuk terras te zien is. De bovenste foto dateert uit 1938, toen Bandoeng meer dan ooit 'de meest Europese stad van Indië' was.

Tegenwoordig heet de Grote Postweg in Bandoeng Jalan Asia-Afrika (de foto beneden). In de oude 'Boekenbeurs' zit nu een Datsun-dealer en waar J. Ballego ooit bloemen verkocht is een disco-bar gevestigd, die – misschien wel als herinnering aan Ballego's bloemen – 'Sun Flower' heet.

Maar gebleven is de drukte . . . En gebleven is ook het verkeerslicht, waarvoor de mensen op de oude èn de nieuwe foto staan te wachten.

In het stille Garoet, hoog in de bergen, was het natuurlijk ook in de plaatselijke winkelstraat ('Hoofdstraat' heette die nog toen in 1920 de bovenste foto gemaakt werd) wat stiller dan op Braga en Pasar Baroe. Maar dat wil niet zeggen dat het er minder gezellig was. En het was er, vergeleken met Pasar Baroe, in elk geval een stuk koeler . . .

Vandaag de dag (zie de foto beneden) heeft Garoets winkelstraat niet meer dat landelijke van een halve eeuw geleden. Het kan er bij tijd en wijle net zo druk zijn als in Jakarta of Bandoeng – met één weldoend verschil: motorfietsen, bèmo's en andere lawaaimakers zijn er heel wat minder, en op dát punt is Garoet nog altijd een stuk stiller dan die andere steden.

Aan de waterkant

Er was waarschijnlijk in heel 'Indië' geen brug waarover dagelijks zóveel verkeer trok als over de Rode Brug in Soerabaja, die de Europese zakenwijk van de stad verbond met de Chinezenbuurt, op de andere oever van de Kali Mas. Allerlei culturen en landslieden kwamen elkaar op de Rode Brug tegen. Pasargangers uit het Soerabajase, Hollandse planters en ambtenaren, zeelui van alle kusten van Azië, Armeense landverhuizers, welgedane Chinezen en Arabieren, kortom: een bonte stroom van vreemdelingen, die onweerstaanbaar wordt aangetrokken door een bloeiende havenstad.
Zo'n zeventig jaar geleden (zie de bovenste foto op de bladzijde hiernaast) sjouwden er bijna net zo veel ossen en paarden over de brug als mensen; tegenwoordig (de foto beneden, gemaakt tijdens een regenbui in maart 1977) wordt het zwoeg-werk op de brug gedaan door Soerabaja's onvermoeibare en altijd goedgeluimde betja-mannen.
Een ander opvallend verschil met zeventig jaar geleden is de aanblik die de rivierbedding biedt. Waar eens een flinke stroom 'statig zeewaarts vloeide', kronkelt nu een miezerig stroompje tussen aanslibsel en afval door. Hier, onder de Rode Brug in Soerabaja, wordt meer dan waar ook duidelijk, dat de waterhuishouding een van Indonesië's grootste problemen vormt. De plannen om het aan te pakken liggen al jaren gereed, maar het ontbreekt nog steeds aan de technische middelen en – vooral – aan het geld om ze uit te voeren.

Een van de schilderachtigste plekjes van het oude Batavia lag aan de voet van de 'Uitkijk', het torentje bij de oude monding van de Tjiliwoeng. De rivier lag er altijd vol boten en bootjes, en op de oever was het een komen en gaan van koetsen, sado's, dokkars en andere voertuigen. De bovenste foto op de bladzijde hiernaast is rond 1885 genomen vanaf de overzijde van de rivier; de fotograaf moet daarbij ter hoogte van de stadsherberg hebben gestaan.
Vanaf hetzelfde punt is de opname daaronder gemaakt. Er is hier, afgezien van de afrastering op de voorgrond, niet veel veranderd. Nog altijd ligt deze hoek van de rivier vol vissersschepen en roeibootjes van mensen die op de nabije Pasar Ikan hun handeltje hebben. Het oude fortje waarvan de 'Uitkijk' deel uitmaakt, is door de Indonesische regering tot monument verklaard en wordt gerestaureerd. Op de foto ligt het er nog enigszins vervallen bij, maar dat zal volgens de Indonesische 'restaurateurs' spoedig anders zijn.

De bovenste foto op deze pagina toont de 'Grote Boom' aan de Kali Mas in Soerabaja omstreeks 1900. Op de onderste foto hetzelfde plekje nu. Ook hier is de inschrompeling van de rivier duidelijk zichtbaar. Op de plaats van de oude hijskraan staat nu een andere, maar alles duidt erop, dat er voor die kraan heel wat minder te hijsen valt dan voor de oude. Er komen immers nog maar weinig boten tot hier . . . Van de kademuur is niets meer te zien; en van het oude accijns- en overslaggebouw resteert alleen nog een stuk van de gevel, dat herkenbaar is aan de antieke boogramen.

Op de bovenste foto: het havenfront van Makassar rond 1880. Aan het steigertje ligt de KPM-stomer, toentertijd Makassars enige verbinding met de rest van de wereld. De twee mannen op het balkon van het huis op de voorgrond zien er overigens niet naar uit, dat ze veel behoefte hebben aan verbinding met de buitenwereld. Het schijnt ze daar op dat balkon best te bevallen. En hun enige belangstelling geldt het gedoe van de fotograaf . . .
Makassar heet tegenwoordig Oejoeng Pandang, en de kade ligt niet meer waar hij vroeger lag. Door het aanplempen van een stukje zee is de oever een heel stuk opgeschoven, zoals de onderste foto duidelijk laat zien.
Maar de huisjes aan de kade zijn op hun oude plaats blijven staan, al valt het moeilijk ze na zoveel jaren nog te herkennen. De huizen die op de oude foto rechts op de voorgrond staan zijn nu verdwenen, maar het huis-met-het-balkon staat er nog, zij het dan zonder balkon. Het is het eerste vooruitspringende huis, met de ronde poort.

De landtong en de kleine baai van Anjer, helemaal op de westpunt van Java, waren in vroeger eeuwen het eerste stukje 'Indië' dat Hollandse koloniegangers te zien kregen. Hier lieten de schepen van de Vereenigde Oost-Indische Compagnie na hun lange reis om Kaap de Goede Hoop het anker vallen om – alvorens door te varen naar Batavia – vers water en verse groenten in te slaan. In Anjer was ook het beginpunt van de Grote Postweg, die gouverneur Daendels over de hele lengte van Java liet aanleggen.
Rond 1870, toen C.W.M. van de Velde de hieronder afgebeelde tekening van de landtong van Anjer maakte, trok het plaatsje nog altijd profijt van deze gunstige ligging, maar zo erg lang zou dat niet meer duren. Want nadat in 1869 het Suez-kanaal geopend was, waardoor de schepen niet meer om Afrika heen hoefden, verloor Anjer snel aan betekenis. Een nog grotere ramp trof het plaatsje vervolgens in 1883, toen het vlakbij gelegen vulkaaneiland Krakatau uiteenspatte en een dertig meter hoge vloedgolf de kust van Anjer overspoelde.

Dat Anjer de afgelopen jaren weer is opgeleefd dankt het onder meer aan het feit dat in de omgeving ijzererts wordt gevonden. Als gevolg daarvan is even ten noorden van het oude aanlegpunt een industrie- en havencomplex verrezen, dat nieuwe bedrijvigheid, ronkende vrachtwagens en bierdrinkende vreemdelingen naar Anjer heeft gebracht. Daarentegen ligt de oude landtong (de foto beneden) er vandaag de dag een beetje slaperig bij.

Van paardekracht en mankracht

Dos-à-dos, rug-tegen-rug, heette oorspronkelijk het karretje, dat zo typisch zou worden voor het Indische straatbeeld. Je stapte er aan de achterkant in en zat met je rug tegen die van de koetsier. Vandaar: dos-à-dos, dat gaandeweg werd afgekort tot 'sado'.
Hoeveel duizenden Nederlanders zullen zich nog herinneren hoe ze met de sado naar school werden gebracht? Of op een zondagmiddag met moeder een uitstapje maakten – zoals het kleine gezelschap dat op de bovenste foto staat. De opname is gemaakt in Galkoe Brayan bij Medan en dateert waarschijnlijk uit het begin van de jaren dertig.
Van zeer onlangs dateert de foto daaronder. We zijn in Sindanglaya op West-Java, waar sado-koetsiers het zich in hun wagentjes gemakkelijk hebben gemaakt, in afwachting van de klanten, die ongetwijfeld nog wel zullen komen. Want de sado is in vele delen van Indonesië nog even populair als vroeger.

Hier en daar is de sado verdrongen door een ander wagentje, dat wèl veel op de sado lijkt, maar er op één punt principieel van afwijkt. Het is de 'deleman', die zijn naam ontleent aan de bekende ondernemer, die de kar voor het eerst op straat bracht. Het verschil met de sado zit in de manier van zitten. In de deleman niet meer dos-à-dos met de koetsier, maar vis-à-vis met de medepassagiers, en met de rug naar de zijkant.
De volgeladen deleman op de bovenste foto staat rond 1920 klaar om te vertrekken in Solok, in de Padangse bovenlanden.
Minstens zo volgeladen (wie goed telt komt tot zeven inzittenden) is de deleman uit onze dagen, die – niet zo ver van Solok vandaan – onderweg is op een van de moderne straten van Boekittinggi, het vooroorlogse Fort de Kock.

Midden-Java, en met name de omgeving van Djokjakarta, wàs en is het domein van de vaak zeer fraaie vierwielige voertuigen, die er in een aantal variaties en onder verschillende benamingen voor een deel van het personentransport zorgdragen. 'Ebro' zei men er ooit tegen, en 'andong', of, wat algemener, 'dokkar'. Een feit wàs en is dat ze altijd heel kunstzinnig en sfeervol beschilderd zijn geweest, en wat méér ruimte boden dan de tweewielige sado's en delemans.
De bovenste foto op deze pagina toont een 'ebro' uit 1936 – in Djoka uiteraard – en de onderste zo'n zelfde kar in het huidige Djokja, waar er nog net zoveel rijden als in 1936.

Wat olie en aardgas zijn voor een industrieland als het onze, dat zijn voor Indonesië de beenspieren van zijn ontelbare betja-rijders. Zíj zijn het, die de economie van het land laten draaien. Ze nemen nog altijd meer dan tachtig percent van het personenvervoer voor hun rekening, en met name het vervoer dat zo belangrijk is voor het kleinschalig ondernemerschap in het land. Betja's brengen mensen naar hun werk, naar de pasar, naar school, naar de bioscoop en naar honderd-en-één andere bestemmingen. Heel lang geleden, toen de bovenste foto op de bladzijde hiernaast werd gemaakt, heetten betja's nog 'riksjaw-fietsen'. En dat waren het eigenlijk ook: de typisch Nederlandse varianten van de riksjaw, het door mensenkracht getrokken karretje dat het straatbeeld in andere landen van het Verre Oosten zo vaak zijn speciale aanzien gaf.
De betja heeft alle ontwikkelingen die zich in het openbaar vervoer hebben voorgedaan overleefd, zoals blijkt uit de onderste foto op pagina 49. De opname werd enkele jaren geleden gemaakt op Malioboro, de hoofdstraat van Djokjakarta. In sommige steden – Jakarta en Bandoeng bijvoorbeeld – zijn bepaalde gedeelten van het stadscentrum tegenwoordig voor de betja taboe. Maar in andere grote plaatsen (Djokja is daar een voorbeeld van) zijn voor de betja's zelfs eigen rijstroken, een soort 'vrije banen', gereserveerd.

De diverse streken, eilanden en buitengewesten van het oude Indië hadden in allerlei zaken zo hun specialiteiten. (Hun 'afwijkingen' zullen ze in Batavia wel eens gezegd hebben, maar dat deerde niemand). Medan bij voorbeeld had zijn eigen, heel speciale soort van betja's. Daar zat de krachtbron annex bestuurder niet àchter de passagiers, maar ernaast. Bekijk daarvoor maar de nog niet zo héél erg oude foto, die op deze bladzijde bovenaan staat. Uit de aard der zaak kwamen in Medan de hulpmotors, toen die in het betja-wezen hun intrede gingen doen, ook terzijde van de passagiers terecht. Er rijdt er zo een op de middelste foto op deze pagina, die dateert van 1971.

Bij de normale betja's leidde de komst van de hulpmotor tot het verschijnsel 'helicak', waarvan enkele exemplaren staan te pronken op de onderste foto: de oude betja is niet alleen van een hulpmotor voorzien, hij is nog gestroomlijnd ook. Iemand die zich ooit door een brutale betja-jongen door het gemotoriseerde verkeer van een stad als Batavia/Jakarta heeft laten loodsen kan meepraten over de benauwde momenten die dat wel eens opleverde. Dat is cchtcr nog niets in vergelijking met wat de bestuurder van een helicak met u (u, daar helemaal voorop) weet uit te halen. Ook híj kent zijn vak – maar het gaat allemaal zo veel hàrder. En als je dan ook nog niet eens gewend bent aan het linkse verkeer in Indonesië, dan is de nachtmerrie in die helicak soms dubbel zo eng . . .

Niet alleen de spierkracht van de betja-jongens werd door motorkracht vervangen; dat gebeurde ook met de echte 'pk's' die de sado's en delemans trokken. Het resultaat van die laatste omschakeling waren de kleine, driewielige wagentjes, die in de jaren dertig in de straten van Indië begonnen te verschijnen. Bij deze 'dammo's', 'kleine taxi's' of 'amco's' zat de 'koetsier' zoals het hoort voorop. Met behulp van een soort fietsstuur laveerde hij zijn knetterende karretje door het verkeer. De passagiers zaten zoals in de deleman: met de gezichten naar elkaar.
Omdat de amco van voren maar één wiel had was het raadzaam het gewicht van de passagiers een beetje over de beide banken achterin te verdelen. Want was die verdeling slecht, dan wilde het geval in een scherpe bocht wel eens omkieperen. Een oud-Bandoenger vertelt hierover: 'Als we van Dago naar beneden kwamen, dan was het onder aan de berg voor mijn moeder 'brenti' geblazen. Want die bocht daar onderaan, die riskeerde ze maar liever niet. Was die eenmaal zonder ongelukken genomen, dan stapten we weer in.'
Op de bovenste foto op deze pagina zien we een dammo anno-1936 naast een ossekar in Malang. Daaronder een iets gestroomlijnder model in Soerabaja. De foto dateert eveneens uit 1936. Helemaal onderaan: amco's onderweg naar hun bestemming in een plaats die – met de bekende contouren van de Salak op de achtergrond – geen andere kan zijn dan Bogor, het vroegere Buitenzorg.

Een wat ruimere uitvoering van de amco was de 'oplet'. De naam ervan was afgeleid van het automerk Opel. Oorspronkelijk wàs de oplet dan ook een Opel; beter gezegd, het was een voor het vervoer van personen omgebouwde Opel-bestel. Later werd de naam ook gegeven aan auto's van andere merken, die op dezelfde manier waren omgebouwd.
In veel gevallen leken die oplets het eeuwige leven te hebben. Tien, twintig, dertig jaar gingen ze mee. Er mocht soms van alles aan ontbreken, maar rijden deden ze! Hoe – dat was, en is, het geheim van de vindingrijke sleutelaars die in Indonesië zo véél zaken aan het draaien houden die eigenlijk al lang hadden moeten worden afgeschreven.
Een voorbeeld van zo'n aftandse, maar nog altijd rijdende oplet staat op de foto hieronder. Hij werd gefotografeerd in 1970, toen hij zo te zien al een leeftijd had van rond de dertig jaar. Maar deleman, amco of oplet, een beetje nauw is het nog altijd, daar achterin, getuige de foto hiernaast, in 1978 gemaakt in Bandoeng.

Bussen hadden (en hebben) het voordeel, dat je er nogal wat àchter- en bovenop kunt laden. En van die gelegenheid werd (en wordt) in Indonesië dan ook veel gebruik gemaakt. De bovenste foto op deze bladzijde is er een uit 1927. De bus die de lijn Cheribon-Bandoeng onderhield is erop te zien, gefotografeerd bij de halte Kadipaten.
Daaronder een opname uit 1971. Déze bus staat in Boekittinggi op Sumatra. Er kan, zo te zien, altijd nog wel méér bij . . .

Ossen – log, traag en met hun hoeven vaak in een speciaal soort sandalen gestoken – hebben heel wat afgesjouwd in het oude Indië. Vooral in het oostelijk deel van Java, waar suikerriet een van hun voornaamste lasten was, waren zij zowel op de ondernemingen als op de dorps- en stadswegen een vertrouwd gezicht. De twee op de foto hiernaast doen (het moet in de jaren twintig zijn geweest) hun werk op een van de kades van Soerabaja. Midden in de stad zul je ze tegenwoordig niet meer zo vaak tegenkomen. Maar op de buitenwegen trekken ze – zoals de os op de opname hieronder – nog altijd getrouw de kar van hun meesters.

En dan die paardjes; die trouwe, taaie, geduldige Indische paardjes. Hoe vaak riepen ze niet je medelijden op? Ze droegen bijna altijd zwaardere lasten dan goed leek voor die tengere lijven; ze trokken té vol geladen karren té steile hellingen op; stonden langer in de regen dan wie ook; maakten langere dagen dan wie ook en kregen daarvoor soms ook nog minder loon (eten) dan wie ook. Maar ze bleven hun werk doen – tot ze erbij neervielen. Voor de sado-koetsiers, voor de vrachtrijders, voor de soldaten, wier proviand, radiosets en mortieren ze droegen, en voor de toeristen, die ze op hun ruggen naar de mooiste plekjes in het gebergte brachten.
Toeristen, dat waren dan meestal Europeanen. Mensen met lange (en soms ook nog dikke) lichamen, waar die paardjes eigenlijk helemaal niet op berekend waren. Op de foto hierboven, waarop een gezelschap uit 1921 zich gereedmaakt voor een bergtocht op Timor, is dat goed te zien.
Vandaag de dag vormen de paardjes bij voorbeeld nog altijd het enige middel om de befaamde zandwoestijnen van het Bromo-gebied te bereiken. Dag in dag uit sjokken ze daar met hun vrachtjes door het dorre, hete landschap. Het dier op de foto hiernaast heeft die dagtaak er weer opzitten: in de avondschemering brengt het zijn baasje naar huis.

De aloon-aloons

Weinig zaken zijn zo eigen aan een echte 'Indische' stad als de aloon-aloons. De oorsprong van deze wijde, rechthoekige pleinen gaat terug tot de tijd van de grote Javaanse koninkrijken. De aloon-aloons vormden één geheel met de kraton, het paleizen-complex van de koning. Zij waren 'heilig toernooiveld' en 'persoonlijk speelveld van de vorst' en daarom mocht er zich – afgezien van een of twee schaduwgevende waringins – geen enkel obstakel op bevinden. Ja, er mocht soms niet eens gras op groeien.
De plechtigheden en toernooien die zich op de aloon-aloons afspeelden raakten de kern van het oude Javaanse leven. Hier streden tijdens het rampokfeest onder het genietend oog van de vorst en zijn onderdanen tijgers en buffels voor hun leven; hier besteeg de vorst op hoogtijdagen zijn hoogsteigen olifant; hier vertrok hij voor zijn glansvolle rijtoeren door de stad. In later tijden werd het plein ook gebruikt voor volksverzamelingen tijdens islamitische feestdagen en nòg later werd het Indonesische volk op deze pleinen door zijn leiders toegesproken in de jaren van de strijd om de onafhankelijkheid.

De beide foto's op de bladzijde hiernaast tonen de aloon-aloon van de sultanstad Djokjakarta. De twee fameuze bomen op het plein werden rond 1890 gefotografeerd door hoffotograaf Cephas (bovenste foto). De opname daaronder laat dezelfde bomen zien in 1977.

De aloon-aloon van die andere vorstenstad, Solo. 'Gezicht op den kraton' staat op de bovenste foto op deze bladzijde. De opname dateert van rond de eeuwwisseling.
De foto eronder is in 1977 genomen, tegen het einde van de regentijd, vandaar de grote plassen op het plein. Behalve dat naast de oorspronkelijke halvormige entree van de kraton een tweede, soortgelijk gebouw is verschenen, is het totaalbeeld hier in bijna tachtig jaar nauwelijks gewijzigd.

2

De aloon-aloon van de lieftallige bergplaats Garoet, met zijn opvallende, kiosk-achtige paséban, die er, toen de foto op de bladzijde hiernaast in 1920 genomen werd, al zeker dertig jaar stond. En hij staat er nu, een dikke halve eeuw later, nog steeds (zie de foto hierboven). In weinig plaatsen in Indonesië heeft de aloon-aloon zó zijn oorspronkelijk aanzien en karakter bewaard als hier in Garoet.

Een van de oudste foto's in dit boek (boven) toont de aloon-aloon van Kraksaän (op Oost-Java) in het jaar 1860. De opname biedt alles wat zo typisch was voor deze pleinen: de heilige boom, de geiten die er grazen en, bovenal, een intens gevoel van lome, bloedhete stilte.
Het beeld op de foto beneden (hetzelfde plein op een achternamiddag in 1977) laat zien waar de aloon-aloons tegenwoordig vaak voor gebruikt worden: voor het voetbalspel. Even afgezien van het feit dat deze sport wellicht wat minder 'koninklijk' is dan de toernooien die er vroeger werden gehouden, is het toch een bestemming, die méér dan zo op het eerste gezicht lijkt aansluit bij het verleden.
De imposante waringin van Kraksaän heeft de jaren jammer genoeg niet overleefd. Dat is wèl het geval met het gebouw (een zogenaamde paséban) dat op de oude foto staat. Het rechter puntje van het dak ervan is nog juist te zien achter het jongere gebouw dat er tegenwoordig vóór staat. Het monument dáárvoor eert de gevallenen van de vrijheidsstrijd tegen Nederland.

Hierboven een afbeelding die Van de Velde ons heeft nagelaten van de aloon-aloon in de Bantamse residentiestad Serang.

Een reiziger uit Van de Veldes tijd (zo rond 1870) schrijft erover: 'Voor het huis van den regent ziet men, zoo als voor elk regentshuis, het plein, Aloen-aloen genaamd, beplant met eenige onmisbare waringienboomen, die een' grooten tamarinde-boom, onder den naam van 'den boom van Daendels' bekend, tot nabuur hebben.'

Die 'boom van Daendels' zou wel eens een herinnering kunnen zijn geweest aan de straf-expeditie die de maarschalk in het begin van de vorige eeuw in deze contreien ondernam, nadat de Bantammers zich weer eens opstandig hadden getoond. Hoe dat ook zij, hij staat er al lang niet meer, die tamarinde.

In de plaats ervan (zie de onderste foto) zijn ook in Serang een stel doelpalen gekomen. In plaats van de rijtuigen uit Van de Veldes dagen rijden nu de onvermijdelijke betja's rond het plein.

Onherkenbaar is, voor wie er zo'n jaar of veertig geleden heeft rondgewandeld, de aloon-aloon van Bandoeng. Want hier heeft het stadsbestuur – min of meer gedwongen door de moderne bebouwing rond het plein – besloten om het oude karakter van de aloon-aloon helemaal los te laten en de kale vlakte te veranderen in een bloemen- en plantenzee. Dat is bereikt door een bestrating van gevarieerd tegelwerk en de plaatsing van vele tientallen grote en kleine plantenbakken, die de aloon-aloon van Bandoeng letterlijk tot een van de kleurrijkste pleinen ter wereld hebben gemaakt.
Onherkenbaar is ook de oude mesjid, met zijn fraaie, kelkvormige zuilen, die we links op de oude foto zien. Tegenwoordig (zie de foto hieronder) gaat het gebouw helemaal schuil achter een moderne façade en een brede toegangstrap, die ook de weg vóór de moskee overspant.

Het koele nat

De visvijvers van Tjipanas: een dankbaarder onderwerp voor fotografen was er in heel Indië niet! De grote Kurkdjian kwam zelfs helemaal uit Soerabaja om hier een serie opnamen te maken. Ze behoren tot de mooiste die hij geproduceerd heeft.
Of deze foto ook van Kurkdjian is staat niet vast. Het album waarin de plaat voorkomt werd in 1919 samengesteld; over de makers van de foto's wordt er echter niets in vermeld. Op de bladzijde hiernaast: dezelfde vijver in 1977 – en in kleur.

Nog zo'n typische Tjipanas-foto: de dubbele boog van een palmenrij, die in het water tot een víervoudige wordt. De bovenste foto is vijftig jaar oud; de onderste drie jaar.

Wie op de grote weg van Soerabaja naar Malang op het juiste moment linksaf sloeg stond op een gegeven moment bij het koele meertje van Wendit. Bad- en wasplaats was het sinds onheuglijke tijden en reeds in de vorige eeuw legde Abraham Salm de

gezellige bedrijvigheid rond het meertje in een tekening vast. Wat hij zag staat op de bovenste prent van de drie hieronder. In het midden: hetzelfde meertje in 1920. De foto komt voor op een ansichtkaart, die werd uitgegeven door 'Chemicaliën Handel Malang, Mevr: C. Bocage'. Helemaal onderaan Wendit zoals het er tegenwoordig uitziet. Een door het meertje gelegde dam heeft dit verdeeld in een zwembad aan de éne en een vis- en roeivijver aan de andere kant.

Eerst ging het vanuit Bandoeng per deleman of auto naar boven, naar Dago, en vervolgens weer omlaag, over het steile rode pad, naar het verborgen dal van de Tjikapoendoeng. Halverwege de afdaling kon je het geluid van de waterval al horen. Eerst was het nog een zacht ruisen, maar naarmate je lager kwam nam het geluid snel in volume toe. En als je, helemaal beneden, in de schaduw van de bamboebosjes trad was het een donderend spektakel geworden.

Vanaf een uitspringend gedeelte van de rotswand kon je het water van vlakbij omlaag zien storten. Op diezelfde plaats zette een kunstenaar zich neer (het moet rond 1880 geweest zijn) om het geweld dat de natuur hier produceerde op een tekening vast te leggen. Hiernaast staat het resultaat van zijn werk. En zoals de foto eronder laat zien heeft de waterval nog niets van zijn indrukwekkende grootsheid verloren.

De grootste attractie van Dago was misschien niet eens de waterval zelf, maar het stuk rivier dat aan de voet ervan lag. Ieder die ooit in Bandoeng kind was zal zich de tientallen rotsblokken herinneren, met het bruisende water ertussen, waar je uren kon zoekbrengen zonder je een moment te vervelen. Dago – dat zijn herinneringen aan picknickmanden, aan de blote benen van je vader, aan heerlijke plaspartijen en, op het einde van zo'n dag, de vermoeiende klim, terug naar boven.
De bovenste foto op bladzijde 70 laat dit stukje kali zien in de tijd (de vorige eeuw!) dat het nog niet zō door de Europese bevolking van Bandoeng 'ontdekt' was. Toen was het, net als àlle kali's, alleen nog maar wasplaats van de Indische bevolking.
Maar vandaag de dag viert de recreatie er hoogtij. Vooral in de weekends trekt de jeugd van Bandoeng er in groten getale naar toe om zich aan de voet van de waterval ouderwets te vermaken (de foto daaronder).

De waterkant – de bron, de vijver, de gracht, de kali – was óók altijd de plaats voor de grote was. De hele dag kon je er de vrouwen vinden; schrobbend, kloppend en spoelend dat het een lieve lust was. Of het dat ook voor hèn was mag natuurlijk een tweede heten, maar vervelen deed niemand zich tijdens die was. Op de foto hierboven, die van voor de oorlog dateert, heeft de Nederlandse fotograaf geschreven: 'Over hygiëne gesproken . . .'. Maar hij, die fotograaf, leefde dan ook in een andere wereld dan die wasvrouw!
Ook midden in Jakarta wordt, zij het in mindere mate dan vroeger, toen Jakarta nog Batavia heette, aan de grachten nog altijd de was gedaan. De foto die hiernaast staat is enkele jaren geleden aan een van die grachten van Jakarta gemaakt.

Wat kòn het heet zijn – daar aan de kust van Straat Madoera. Maar gelukkig lag juist hier, op enkele kilometers van Pasoeroean, een van de oudste en mooiste badplaatsen van heel Indië. Banjoe Biroe heette het er. Dat betekent Blauw Water. In werkelijkheid was niet het water blauw, maar het uit een nabije bron meekomende vulkanische slib, dat zich op de stenige bodem van het zwembassin had afgezet. Aan de beide foto's op deze bladzijde, die van rond 1900 stammen, is niet te zien dat de badplaats zijn naam desondanks met ere droeg. De twee opnamen hiernaast, van het tegenwoordige Banjoe Biroe, tonen dat wel duidelijk aan.

De reizende dominee baron Van Hoëvell, die we nog vaker zullen tegenkomen, zag Banjoe Biroe óók, en schreef: 'Den grooten roem ontleent de bron bij Europeanen van niets anders, dan van hare geschiktheid, door de zuiverheid en helderheid van het water, voor een aangenaam en verfrisschend bad. Ik heb er de proef van genomen, en verklaar, dat die roem wèl verdiend is. Heerlijk geboomte omringt de kom, door talrijke grijze apen bevolkt, die aan het bezoek van badgasten zoo gewoon zijn, dat ze hen zeer gemeenzaam naderen, en met genoegen een stuk brood of wat vruchten met hen nuttigen.'

Jammer genoeg hebben de apen Banjoe Biroe een aantal jaren geleden verlaten. Wèl leven in het water nog altijd vele tambra's, karperachtige vissen, die precies zo donkerblauw zijn als de stenen van de bodem. Ook wij hebben in Banjoe Biroe 'er de proef van genomen', en verklaren, dat de roem van het blad nog altijd 'wèl verdiend' is…'

Mijn geest is als een heel oud indisch huis
aan alle kanten naar de verten open
met galerijen en met overlopen,
waarover varens, vogels en geruis

van winden binnenkomen om hun thuis
te vinden. In mijn ruimten huizen hopen
bedienden, vrouwen, vrienden en verlopen
kind'ren en niemand, niemand blijft er kuis.

Maar soms ben ik mijn liefste wezens moe.
Dan gaan de deuren naar mijn donker toe
en weer ik uit mijn nachten mens en beest.

De tijd wordt dan door stilte opgeschort
en in de reuk van kembang bangké word
ik van mijn eigen huis de boze geest.

G. J. Resink
"Het bezeten huis"

Vanuit Tretes en Prigen, hoog tegen de flanken van de Welirang, keek je op de kustvlakte van Oost-Java neer als op een andere planeet. Daar beneden was het stoffig en benauwd – en moest gewerkt worden; in Tretes en Prigen was het koel en fris – en kon je de dagelijkse besognes van je afzetten tijdens een ritje naar een van de watervallen of een wandeling in de buurt van je hotel.
In het stille bos, met zijn onpeilbare ravijnen en bruisende bergbeken kon je je zonder veel moeite in de Europese Alpen wanen . . .
'En de geheelen dag,' zo schreef een oud KNIL-man in een herdenkingsboek, 'heeft de vacantieganger geen last van de warmte. En 's nachts zal hij slapen onder echte wollen dekens zònder klamboe! Zijn neus zal koud boven zijn lakens uitsteken en hij zal 's morgens rillend en bibberend zijn koffie drinken. Zijn ochtendbad zal zoo koud zijn, dat hij warm water zal mengen in zijn badwater . . . Dit alles klinkt heel gewoon, maar wat het voor den kustbewoner beteekent, is niet te beschrijven!'
De waterval van Prigen was terecht beroemd. Hij staat in al zijn donderende majesteit afgebeeld op de foto hiernaast, die genomen moet zijn in de beginjaren van deze eeuw. Erheen gaat het op de rug van een paardje, dat je behendig over het smalle pad langs de afgrond voert. Op een bepaald moment wordt het pad zelfs te smal voor de paarden en gaat de tocht te voet verder – over glibberige keien, tussen druipend geboomte en in een kilte die je inderdaad doet huiveren. Maar na de laatste bocht in het pad doet het gezicht op die waterval je dat alles vergeten . . .

Voor ons, samenstellers van dit boek, werd de val een probleem. Want om de paardjes zo min mogelijk te dragen te geven hadden we een deel van onze fotografische uitrusting in Prigen achtergelaten. Daarbij was óók de groothoeklens – en díe hadden we nou net nodig gehad. Er bleek in de buurt van de waterval namelijk niet genoeg ruimte te zijn om de val net zo op de foto te krijgen zoals onze voorganger hem in 1902 of daaromtrent had vastgelegd. Je kòn nog een stap achteruit – maar dan lag je wel vijftig meter lager, in het ravijn. Een hálve stap dan maar – en niet achterom kijken! Het resultaat van ons geploeter staat op deze bladzijde: een waterval, die er net niet helemaal op staat . . .

Schuimende bergbeken ... als in de Alpen: ze waren er genoeg, daar tussen Trestes en Prigen. En in 1892, toen de foto hierboven werd genomen, werden ze overspannen door kleine, rustieke bruggetjes. Tegenwoordig zijn veel van die bruggetjes van steen ... en is het rond die beekjes niet meer zó stil. De foto hiernaast toont hetzelfde beekje, op bijna dezelfde plaats, in 1978. Mooi is het er wel nog, maar duidelijk is te zien, dat in het vroeger zo stille bos nu zo hier en daar wat bungalows staan.

Minstens even beroemd als de waterval van Prigen was die in de Anei-kloof, even boven Padang op Sumatra. Bovendien was die wat beter bereikbaar – en beter te fotograferen. Op de bladzijde hiernaast de Anei-waterval zoals hij staat afgebeeld in een oeroude reisbeschrijving. Daaronder de kloof en de waterval op een recente opname.

De huizen der machtigen

Oud, degelijk en voornaam – dat was de residentie van de man die in Buitenzorg de hoogste Nederlandse gezagsdrager was wanneer de àllerhoogste, de gouverneur-generaal, zich niet in zijn Buitenzorgse paleis bevond. Het huis van de assistent-resident van Buitenzorg lag, op een steenworp afstand van dat paleis, aan de grote weg naar Batavia. Het had weinig van de uitbundige grandeur die het paleis kenmerkte, maar cachet had het wèl. En: het was koel. De dikke muren en de donkere gaanderij rond de benedenverdieping garandeerden ook op de heetste dagen een draaglijke temperatuur. En dat moest ook wel, want op die benedenverdieping bevonden zich de kantoren en daar diende gewerkt te worden – en gedàcht – en bestúúrd.

Op de verdieping daarboven hadden de assistent-resident en zijn gevolg hun woonvertrekken. Daar was het mìnder donker en bood een luchtige, rondgaande galerij de bewoners alle gelegenheid om 's ochtends en 's avonds in slaapbroek wat 'natuur te snuiven'.

De foto op bladzijde 78 toont het huis – heel lang geleden – toen in Buitenzorg nog alles bij het oude was. Op de opname hieronder staat hetzelfde huis, in de onvermijdelijke regen van een maartse dag in het huidige Bogor, anno 1977. Nog steeds heeft het gebouw een officiële bestemming. Tegenwoordig heeft het Indonesische bestuur van de 'daerah' er zijn domicilie.

De machtigste man van Nederlandsch-Oost-Indië, de 'GG', verbleef als het even kon in het prachtig gelegen paleis van Buitenzorg. Hier, op drie uur rijden van Batavia, vond gouverneur-generaal Gustaaf Willem baron van Imhoff in het midden van de 18de eeuw de plek waar hij kon bekomen van de drukte en de hitte van Batavia. Aan de voet van de machtige Goenoeng Salak liet hij, dicht bij de snelstromende Tjiliwoeng, een eenvoudig onderkomen bouwen, waar hij kon genieten van de dingen die hij in Batavia zo miste: groene bossen, een fris klimaat en een verkwikkende, landelijke rust.

Na de dood van Imhoff werd het landgoedje overgenomen door diens opvolger op 'Indische troon', Jacob Mossel. Deze gaf het buitenverblijf een meer paleis-achtig aanzien. Het werd nu een gebouw van twee verdiepingen en meer vleugels. Latere bewoners als Daendels en de Engelsman Raffles voegden daar nog weer andere uitbreidingen aan toe, zodat er, honderd jaar nadat Van Imhoff er de eerste steen had laten leggen, een indrukwekkend bouwwerk was ontstaan.

Nòg indrukwekkender was de omgeving waarin het stond, zeker nadat het park rond het paleis in 1817 de bestemming van botanische tuin had gekregen. Maar ook zonder die tuin was het er uitzonderlijk mooi. Raffles schreef in 1811: 'Vanuit mijn raam zie ik uit op een heerlijk, schilderachtig landschap . . . een vallei vol rijstvelden, met daarin een romantisch dorp aan de bovenloop van een rivier, die zich in woeste stroomversnellingen over ontelbare rotsblokken een weg omlaag zoekt; en met op de achtergrond een prachtige bergrug, bebost tot aan de top en gehuld in wolken . . .'

De grote klap kwam op 10 oktober 1834. Op die dag klonk vanaf de Salak een donderend geraas, waarna de aarde schudde en beefde als zelden tevoren. Een heel dorp nabij de berg werd van de aardbodem weggevaagd en het paleis in Buitenzorg werd zo zwaar beschadigd, dat het moest worden afgebroken. Nauwelijks twintig jaar later verrees op dezelfde plaats echter een paleis dat nog mooier was dan het oude. Het had weliswaar maar één verdieping, maar had ook meer stijl. Het was geen uit zijn krachten gegroeid buitenverblijf meer, maar de residentie van de machtigste man van Zuidoost-Azië, de Hollandse gouverneur-generaal. De bovenste plaat op de bladzijde hiernaast, die werd getekend tegen het einde van de vorige eeuw, toont ons het paleis op zijn mooist: tegen de achtergrond van de Salak en met de weerspiegeling van het gebouw in de vijver ervóór. En ook de herten die op het grote gazon graasden zijn door de tekenaar niet vergeten.

Ook vandaag de dag grazen er nog herten op dat gazon, al zijn ze dan niet te zien op de foto daaronder, die in 1978 is gemaakt – niet zonder problemen overigens. Want wat was het geval: omdat de president van Indonesië, wiens buitenverblijf het paleis nú is, buitenslands verbleef kon de paleiswacht ons geen toestemming geven om het gebouw van dichtbij te fotograferen. Doch geen nood: in zo'n geval is er altijd wel een katjoeng in de buurt die het gat in de pagger kent waardoor de plaat tòch te maken is.

We lieten ons derhalve door hem, door het na een regenbui nog druipende park, naar die plek brengen. En inderdaad: het gat wàs er, en de hoek om de foto te maken was precies de goede. Alleen: dat gat in de heg zat nogal hoog en we moesten een boom in om de camera op de goede plaats te krijgen. Ook dàt ging echter goed, totdat bleek dat die boom bewoond werd door ontelbare bijtlustige mieren. Wadoeh sèh – van die grote rooie! Dat werd dus even op de tanden bijten. Maar de opname van het nog altijd prachtige paleis kwàm er . . .

Verscholen achter zwaar geboomte staat op de oude foto hierboven het residentiehuis van Djokjakarta: de Hollandse voorpost in wat altijd 'het moeilijkste deel van Java' was, de Vorstenlanden. Boeken vol zijn er geschreven over de vaak dramatische politieke beslissingen die in dit huis werden genomen. Dat gold voor 'Hollandse tijd', dat gold ook voor de tijd daarna. Want toen zetelde – in de jaren dat Indonesië om zijn onafhankelijkheid vocht tegen de Hollandse meesters – in het residentshuis van Djokjakarta de president van de Republik Indonesia, ir. Soekarno. En deze residentie was dan ook het voornaamste doel van de Nederlandse parachutisten die zich in december 1948 een weg naar het centrum van Djokja vochten. Tegenwoordig (zie de foto hiernaast) is het historische gebouw weer een rustig gouverneurshuis, maar bomen, grote zware kolossen, staan er nog steeds, daar in het centrum van Djokja.

Het residentiehuis in Soerabaja had iets frivools. Dat vèr uitspringende balkon, die onorthodoxe balustrade, dat stak wat Parijzerig af tegen de meeste andere residentshuizen in Indië. In die frivoliteit stak de hand van Daendels, die het huis aan de Simpangweg in 1798 overnam van Dirk van Hogendorp en het liet verfraaien tot het bouwwerk dat te zien is op de foto hierboven. De opname dateert van rond 1880 en een paar kleine dingen, zoals dat koetsje onder de galerij, de ernstig poserende koetsier en de witte bloempot op de voorgrond, kunnen je in gedachten gemakkelijk naar die voorbije tijden terugvoeren.

Tegenwoordig woont in hetzelfde huis de Indonesische gouverneur van Oost-Java. Het gebouw is niet erg veranderd. Alleen was, toen de foto hiernaast in 1978 werd gemaakt, het weer wat minder mooi dan bij die opname van honderd jaar eerder.

C.W.M. van de Velde heeft voor ons het beeld bewaard van het eenvoudige residentiehuis van Serang, zoals dat eruit zag diep in de vorige eeuw. 'Indischer' kan een plaatje eigenlijk nauwelijks zijn. De ossekar, de pajong, de dobbelaars en niet te vergeten de vlaggemast van het Hollands Gezag op de achtergrond; het staat er allemaal op.

Het residentiehuis van Serang staat er nog steeds. Ervoor is een galerij gebouwd, ernaast zijn wat bijgebouwen opgetrokken, maar de sfeer rondom het gebouw is niet veranderd: ook op de onderste foto, gemaakt in 1977, is alles 'Indische rust'.

Het officiële paleis van de gouverneur-generaal van Indië lag, zoals velen weten, aan de noordzijde van wat vroeger het Koningsplein heette. In datzelfde paleis resideert vandaag de dag (aan een straat die Medan Merdeka Utara, oftewel Vrijheidsplein-Noord, heet) de president van de Republiek Indonesië.

In feite was het GG-paleis aan het Koningsplein het tweede dat in Batavia gebouwd werd. Want éérder resideerde de Nederlandse vertegenwoordiger in een iets kleiner paleis, dat even ten noorden van het huidige 'op Rijswijk' lag. Daar, aan de gracht, tekende jonkheer Rappard dit 'oude paleis' voor het boek van Perelaer. Daarónder, op deze bladzijde, hetzelfde oude paleis, dat ook in het tegenwoordige Indonesië dienst doet als een soort dependance van het nieuwe, aan de tuin waarvan het grenst.

Tussen Djokja en Solo

Mijn geest is als een heel oud indisch huis
aan alle kanten naar de verten open
met galerijen en met overlopen,
waarover varens, vogels en geruis

van winden binnenkomen om hun thuis
te vinden. In mijn ruimten huizen lopen
bedienden, vrouwen, vrienden en verlopen
kind'ren en niemand, niemand blijft er kuis.

Maar soms ben ik mijn liefste wezens moe.
Dan gaan de deuren naar mijn donker toe
en weer ik uit mijn nachten mens en beest.

De tijd wordt dan door stilte opgeschort
en in de reuk van kembang bangké word
ik van mijn eigen huis de boze geest.

G. J. Resink
"Het bezeten huis"

Mijn geest is als een heel oud indisch huis
aan alle kanten naar de verten open
met galerijen en met overlopen,
waarover varens, vogels en geruis

van winden binnenkomen om hun thuis
te vinden. In mijn ruimten huizen hopen
bedienden, vrouwen, vrienden en verlopen
kind'ren en niemand, niemand blijft er kuis.

Maar soms ben ik mijn liefste wezens moe.
Dan gaan de deuren naar mijn donker toe
en weer ik uit mijn nachten mens en beest.

De tijd wordt dan door stilte opgeschort
en in de reuk van kembang bangké word
ik van mijn eigen huis de boze geest.

G. J. Resink
"Het bezeten huis"

Halverwege tussen Djokjakarta en Solo (Soerakarta), midden in het land van vulkanen, tempels, sawahs en stoffige dorpswegen – anders gezegd: in het meest Javaanse deel van Java, lag Klaten. Een provincieplaats zoals er honderden in het oude Indië waren. Een brede, lange straat – de verbindingsweg tussen de twee genoemde sultanssteden –, een aloon-aloon, 'n oude benteng, 'n missiehuis en een pretentieloos station; dat was het wel zo'n beetje.

Het stadje was wél belangrijk genoeg om een assistent-resident te huisvesten. Hij resideerde in een eenvoudig maar schaduwrijk kantoor aan de grote straatweg, die rond 1920, toen de foto hiernaast genomen werd, nog niet verhard was.

Tegenwoordig zetelt in hetzelfde gebouw (de foto hieronder) het districtshoofd van Klaten. De bomen die het voorpleintje vroeger zoveel schaduw gaven zijn verdwenen en ook met de linker zijgevel is het een en ander gebeurd. Maar de poort helemaal links op de foto is er nog, en ook het boompje met de dubbele stam, dat er op de oude opname nog wat prilletjes bijstaat, heeft het allemaal overleefd – en hoe.

Van 1919 tot 1922 was A.H. Neys assistent-resident in Klaten. Bij zijn vertrek gaven de planters uit zijn district hem het gebruikelijke afscheidscadeau: een foto-album. Om de opnamen daarvoor te maken ging een fotograaf op rondreis door het land van Klaten. Zijn naam is ons niet overgeleverd, maar de route die hij nam is aan de hand van zijn foto's gemakkelijk te reconstrueren. Ter ere van hem – èn ter ere van het land van Klaten – hebben we precies een halve eeuw ná hem die tocht opnieuw gemaakt; en hebben we onze camera's neergezet op een paar van de plaatsen waar hij de zíjne neerzette.

In Klaten zelf fotografeerde hij onder meer de Spoorlaan. Zijn opname (de bovenste foto hieronder) laat weer eens zien hoe onvoorstelbaar stil het op bepaalde uren van de dag in zo'n Indische buitenplaats kon zijn. De Spoorlaan, die van de grote weg naar het station liep, draagt nu de naam van een plaatselijke grootheid, maar dat lijkt dan ook bijna de enige verandering die in de straat heeft plaatsgehad. Er is (zie de foto onderaan) anno 1977 wat meer volk op straat; links van de weg zijn de bomen groter geworden en er hangen verkiezingsvaantjes boven de straat; maar voor de rest is de Spoorlaan gewoon de Spoorlaan gebleven.

Vanuit Klaten zette onze fotograaf koers naar het zuiden. Voor hem uit, aan de horizon, schemerden de contouren van het Kidoel-gebergte, waar in de vele spelonken vleermuizen, geesten en kluizenaars huisden. Tot dáár strekte zijn opdracht zich gelukkig niet uit . . .
Zijn weg voerde hem langs sawa's en suikerrietvelden allereerst naar het marktplaatsje Wedi. Op de driesprong daar, zo laat ons de bovenste foto zien, stond een zuiltje, en dat staat er – zij het in een wat forsere uitvoering – vandaag de dag nóg (de foto onderaan). De vaantjes en het bord van de Golongan Karya ontbreken ook hier niet.

De pasar van Wedi is nog altijd een van de levendigste van de omgeving. Verder ontleent het plaatsje enige betekenis en kleur aan de streekschool die er gevestigd is. Als die 's middags 'uitgaat' zijn de straten van Wedi even één en al oranje – de kleur van de schooluniformen.

Een aantal kilometers na Wedi stond de reiziger opnieuw voor een driesprong. Linksaf kon hij via Troetjoek terug naar de weg Solo-Djokja; rechtdoor, over het bruggetje van de kali Dengkeng, ging het richting Tjawas (tegenwoordig Cawas) en verderop naar Soekoardjo.

Zo'n wegkruising was een van de plaatsen waar de verkopers van pisangs, andere vruchten en 'ajer-ès' (helemaal links op de foto hieronder) op klanten gingen zitten wachten. Ook tegenwoordig is dat nog zo, getuige het rijdende ijs- en limonadestalletje waarvan rechts onder op de foto hiernaast (die de situatie-nu weergeeft) nog juist iets te zien is.

Zijn route vervolgend via Bedji en Tjeper kwam onze fotograaf tenslotte weer terug op de grote straatweg die hij in Klaten verlaten had. Aan die weg lag ook Delanggoe, waar hij de opname maakte die hier bovenaan staat. We kijken in de richting Solo.
De weg links voerde naar de hellingen van de Merapi en naar de vele suikerfabrieken in die buurt. Rechts ging het naar Djoewiring en het stadje Grogol, aan Java's langste rivier, de Solo.
Het belangrijkste gebouw aan dat kruispunt in Delanggoe was het huisje helemaal links op de foto. Het huisvestte een belastingdienst. De onderste foto laat hetzelfde kruispunt zien tijdens een regenbui in maart 1977. De wèg loopt er nog, maar aan weerskanten ervan is niets van het oude overeind gebleven. Behalve het belastinghuisje!

De oude koningin

'Eens – een oneindigheid geleden – heette ze Soenda Kelappa. Jong en onschuldig was ze toen. Maar op een kwade dag kwam er een veroveraar uit het Oosten. Hij nàm haar niet alleen, maar gaf haar ook een andere naam: Yayakatra. Dat wil zeggen: stad van de zegepraal. Zíjn zegepraal . . .
Vanaf die tijd bleef haar weinig bespaard. Uit het Westen kwam ruwe, onbeschaafde kooplui, en ook aan hen moest zij zich onderwerpen. En ook zíj gaven haar een andere naam: Batavia. Zij werd geschonden en gehavend, en er waren tijden dat ze zienderogen verslonsde. Maar ze blééf leven, en ondanks al haar littekens herwon ze tenslotte zóveel van haar oude voornaamheid, dat men haar de Koningin van het Oosten ging noemen.
Doch ook aan die periode kwam een eind. De westerlingen keerden terug naar hun eigen, koude land in Europa, en met wéér een nieuwe naam, Jakarta, begon ze aan haar vierde levensfase. Oud, en moe van alles wat ze had moeten doorstaan, maar nieuwe levenskracht puttend uit de eretitel die zij tegenwoordig draagt: Ibu Negeri, Moeder van het Land . . .'

Zo zou het levensverhaal verteld kunnen worden van de stad waaraan dit hoofdstuk is gewijd. Waar de Tjiliwoeng zijn bruine water in zee stort lag haar oorsprong. Dáár arriveerden ook tot laat in de vorige eeuw de schepen die uit alle delen van de wereld, maar vooral uit Nederland, naar het toenmalige Batavia kwamen. Hun verschijnen op de rede van de stad werd altijd het eerste gesignaleerd door de man die de wacht hield op de 'Uitkijk'. Het panorama dat hij overzag – de af en toe rijkelijk stinkende riviermond – de warongs, de pakhuizen en de zee daaràchter – was dat op de bovenste foto hiernaast, die dateert van rond 1870. Helemaal rechts is nog juist een stukje te zien van het tolhuisje dat 'Kleine Boom' heette. Vlak daarachter lag de Stadsherberg. Op de linker oever de loodsen en hallen van Pasar Ikan, met de stad verbonden door een ophaalbrug die er moeilijk nóg Hollandser uit kon zien . . .

Vandaag de dag kan vanaf de 'Uitkijk' worden waargenomen (de foto beneden) dat de Tjiliwoeng nog altijd een flinke stroom is en dat op zijn oevers het leven zich welbeschouwd nog net zo afspeelt als in 1870. Havenkantoortjes, grote en kleine 'goedangs', wat boten op de rivier, mensen op zoek naar schaduw . . .
Alleen helemaal op de voorgrond, waar eens het bruggetje lag, is het idyllische beeld verstoord. De brug is verdwenen, de rivierarm staat droog en duidelijk blijkt hier, dat de afval-afvoer ook in Jakarta nog een probleem van de eerste orde is.

Wie vanaf het dak van de 'Uitkijk' een foto in zuidelijke richting wilde maken moest daarvoor naar de bovenste dakrand klauteren, hetgeen een nogal wankele bezigheid was. Toch is, zoals uit de opnamen hieronder en hiernaast blijkt, dit waagstukje op zijn minst twéé keer ondernomen. De eerste keer rond 1890, en dat leverde de foto op die op deze pagina staat. We zien de oude rivier, die hier Kali Besar heet en vol zeilschepen ligt. Ook de rij loodsen op de oever getuigt van de bedrijvigheid die hier in die dagen heerste. Rechts van de kali (van de Uitkijk af gezien) lag in vroeger eeuwen het Jakatra (verkorting van Yayakatra) dat Jan Pieterszoon Coen in 1629 liet verwoesten. Links van de rivier bouwde Coen zijn Batavia, en een van de eerste grote gebouwen die in de nieuwe stad verrezen was het stadhuis, waarvan het torentje links op de foto boven de daken uitsteekt.

Op de foto op bladzijde 95, gemaakt in 1977, valt van enige bedrijvigheid op dit deel van de Kali Besar weinig meer te bespeuren. De drukte is verplaatst naar het meer landinwaarts gelegen gedeelte van de stad, wat onder meer te zien is aan de hoge kantoorgebouwen en hotels waartussen het torentje van het stadhuis bijna verloren gaat.

Eeuwenlang was de grote grasvlakte die ten zuiden van het oude Batavia lag het domein van buffels en geiten, die er onder de hoede van jongetjes uit de omringende kampongs hun voedsel zochten. Later, toen het kazerne-complex van 'Weltevreden' was gebouwd, werd de plaats van de buffels en geiten ingenomen door soldaten, en die van de kampong-jongens door sergeant-majoors – de vlakte was exercitie-terrein geworden.
Met het opdringen van Batavia naar het zuiden raakten de vier zijden van het plein bebouwd met landhuizen, kantoren en paleizen, die van het plein gescheiden werden door brede, lommerrijke lanen. En het oude buffelveld kreeg een bij dat aanzicht passende naam: Koningsplein.
Tegenover de zuidwestelijke hoek, waar de korte straat 'Gang Scott' op het plein uitmondde, stond het eenvoudige landhuis dat links op de foto hierboven te zien is. Het werd in de dagen dat de foto werd gemaakt (het moet tussen 1870 en 1880 zijn geweest) bewoond door een jongen van een jaar of tien, die we in dit boek al eerder zijn tegengekomen: Louis Couperus. Hier moet hij, in het toen nog erg landelijke Batavia, een deel van de ervaringen hebben opgedaan die hij later in zijn boeken verwerkte. Die 'Gang Scott' moet trouwens een voor de literatuur nogal vruchtbare omgeving geweest zijn, want in hetzelfde straatje bracht ook de schrijver Arthur van Schendel zijn jeugdjaren door.
Op de inzet: hetzelfde hoekhuis, dat nu uitkijkt op een van de drukste kruispunten van Jakarta.

Voor de rust, waarin de landhuisbewoners rond het plein zich aan het einde van de vorige eeuw nog konden koesteren, is de bovenste foto hieronder meer dan illustratief. Ze hebben er – die landhuisbewoners – alles aan gedaan om de stilte rond hun plein zo lang mogelijk te bewaren, maar uiteindelijk moesten ze de strijd tegen het oprukkende verkeer natuurlijk verliezen. Vandaag de dag worden hun landhuizen (voor zover ze er nog staan) trouwens zo goed als allemaal bevolkt door ambtenaren, die er in de kantoren van allerlei overheidsinstanties hun dagelijks werk komen doen. Maar de brede lanen zijn gebleven. De foto onderaan, die evenals de oude opname de westzijde van het plein laat zien, is daarvan het bewijs.

HARMONIE

INKOPPOL

Sinds jaar en dag spiegelt zich in de gracht die eertijds 'Rijswijk' van 'Noordwijk' scheidde een van de roemruchtste gebouwen van Batavia: de Harmonie. Herman Willem Daendels, de 'donderende gouverneur-generaal' zelf, gaf in 1810 opdracht tot de bouw van deze sociëteit. Desondanks leidde de Harmonie de eerste tientallen jaren een nogal kwakkelend bestaan. Er werd in het gebouw wel regelmatig feest gevierd, en er werd bij tijd en wijle gemusiceerd, gezongen, gedanst en een potje gevochten, maar dat gebeurde met zulke grote tussenpozen dat op de exploitatie zwaar verlies werd geleden. Ook het verhuren van een aantal ruimten aan instellingen die weinig of niets met sociëteitswerk van doen hadden bracht daar geen verandering in. En in 1861 was de Harmonie volgens de 'Javabode' zelfs 'een wisse ondergang nabij'. Maar de oude soos hield zich zelf overeind, al was het verblijf er af en toe vanwege de bouwvalligheid niet zonder gevaar. Aan die bouwvalligheid werd echter zodra er weer geld was iets gedaan en zo haalde de Harmonie tenslotte de 20ste eeuw, aan het begin waarvan de bovenste foto op de bladzijde hiernaast werd gemaakt.

Doordat het zuilenportaal op de gebruikelijke manier is dichtgebouwd is de aanblik die de Harmonie vandaag de dag biedt wat minder imposant dan in vroeger jaren (zie de foto daaronder), maar aan de bestemming van het gebouw is niets wezenlijks veranderd. Het herbergt tegenwoordig onder meer een dansschool, biljartzalen, cursuslokalen en een paar kantoren.

Hierboven: nogmaals de oude en de huidige Harmonie, maar nu gefotografeerd van opzij.

Koningsplein Westzijde

Op de pagina hiernaast nog eens dezelfde westzijde van het Koningsplein, die ook op bladzijde 97 staat, maar nu gezien vanuit het noorden. Op de bovenste foto in 1870, op de onderste 107 jaar later.

Wat haar ligging betrof – bij de monding van een rivier, aan een vlakke kust – leek het vroegere Batavia veel op de grote steden in Nederland. Vandaar dat in Batavia een typisch Hollands grachtenstelsel ontstond, waarmee de waterhuishouding in de stad geregeld werd. De beroemdste van die grachten was ongetwijfeld Molenvliet, tussen de oude kotta en Weltevreden. Haaks daarop liep de gracht die we op de drie foto's op deze bladzijde zien. Dit water scheidde de bekende buurten Noordwijk en Rijswijk van elkaar, die beide centra van grote koloniale bedrijvigheid waren.
De beide bovenste foto's dateren uit het begin van deze eeuw. De opname helemaal bovenaan lijkt een jaar of vijftien ouder te zijn dan die eronder; wanneer ze precies gemaakt zijn valt jammer genoeg niet meer te achterhalen.
Op de onderste foto staat dezelfde gracht; in het hedendaagse Jakarta, waar 'Noordwijk' is veranderd in 'Jalan ir. H. Juanda' en 'Rijswijk' in 'Jalan Veteran'.

De Nederlandse legercommandant in het oude 'Indië' resideerde in een fraai paleis, gelegen in het park-achtige deel van Batavia, oostelijk van het Koningsplein. Toen rond 1930 de hiernaast afgedrukte foto van het gebouw gemaakt werd had de generaal echter al moeten plaatsmaken voor de even vaak geroemde als verguisde 'Volksraad'.
In het Volksraadgebouw vestigde de Republiek Indonesië na het veroveren van de onafhankelijkheid haar departement van Buitenlandse Zaken. Nog steeds is het oude paleis de zetel van 'Luar Negeri', maar het staat tegenwoordig niet meer tussen de bomen van het park, maar (zoals de foto hierboven laat zien) tussen machtige kantoor- en hotelflats.

Op de tekening hierboven zien we de schouwburg van het oude Batavia. De vereniging Toonkunst Aurora en de Opéra Club deden daar hun best om de inwoners van de stad aan wat cultuur te helpen. Af en toe traden er ook rondreizende Italiaanse en Franse operagezelschappen op. Maar internationaal repertoire of niet, het kon daar bij de opera ook van een grote landerigheid zijn; als op een Hollandse zondagmiddag-in-de-provincie.
Vandaag de dag (de foto op de bladzijde hiernaast) is de schouwburg geen schouwburg meer, maar bioscoop en biljartzaal.

City Teater
BRUCE LEE AND I

De brug die van de Komedielaan naar Pasar Baroe leidde verbond vroeger eigenlijk twee uitersten: de landelijke rust van het Indische Batavia en de kleurrijke, meer Chinese drukte van Pasar Baroe, de Kalverstraat van Indië's hoofdstad.
Op de oude foto, bovenaan op deze bladzijde, zien we weer de schouwburg. Die stáát er nog, maar wat is er verder nog overgebleven van dit stukje Batavia? De brug is er nog, en een paar bomen langs de Komedielaan, die tegenwoordig Jalan Gedung Kesenian heet.
Het grasveld voor het theater heeft moeten wijken voor een stuk weg en de huizen op de achtergrond hebben plaats gemaakt voor hotels. Maar het grootste verschil tussen toen en nu is toch wel, dat het aan de 'stadse' kant van de brug tegenwoordig net zo druk en lawaaiig is als in de winkelstraat.
De oude foto is genomen vanaf het balkon van het eerste huis aan Jalan Pasar Baroe, vanuit de stad gezien rechts van de brug. Het huis staat er nog, mèt zijn balkon, en dus konden we ons in dat huis via een smal winkeltje een weg naar achteren zoeken, waar een nauwe, steile trap naar boven voert. Toen we terugkeerden naar de begane grond probeerden we ons voor te stellen hoe een eeuw geleden een andere fotograaf diezelfde smalle trap had bestegen. Met zijn kast van een camera, zijn zwarte doek, zijn platen en zijn zware driepoot. Het zal hem ongetwijfeld wat meer moeite gekost hebben dan ons . . .

Wat een Indonesiër niet met hulp van zijn pikolan kan vervoeren, mag eigenlijk geen naam hebben. Vers gesneden rijst (daar begon het waarschijnlijk mee); vierkante olieblikken van de Koninklijke, met daarin van alles en nog wat; een heel 'wandelend restaurant'; enorme vrachten handelswaar; en duizend dingen meer.

Het was een kunst die gekend moest zijn, dat lopen met een pikolan. De stap iets versneld, half tussen lopen en snelwandelen in, en een beetje wippend, om zo de eveneens wippende beweging van de last aan de pikolan op het juiste moment op te vangen. Want dàt is het geheim: als je ritme het goede is, dan is die last lichter te dragen dan het lijkt . . .

In de grote stad Batavia was de pikolan-drager een overbekend verschijnsel. Op de oude prent hiernaast staat er een voor een typisch Oudhollands poortje. Ook in de stad die nu Jakarta heet zijn de pikolan-dragers nog dagelijks bij duizenden onderweg. Die op de onderste foto op deze pagina poseerde voor ons op Pasar Baroe.

De tuin en zijn geheimen

Twee lompe, vierkante pilaren flankeren sinds jaar en dag de toegang tot het Paradijs – het Paradijs van Bogor, de botanische tuin in het vroegere Buitenzorg.
Wie die plompe poort voor de eerste keer binnengaat mag die vergelijking met het Hof van Eden misschien nog wat overdreven voorkomen, maar wie er na de tuin gezien te hebben weer uit komt weet één ding zeker: dat hij ver zal moeten reizen om nog ooit een stukje van deze aarde te zien dat het Paradijs – die droom – dichter benadert dan deze oude 'plantentuin'.
Bijna alles wat de natuur aan groeisels bedacht heeft is hier op een oppervlakte van nauwelijks zeventig hectare bijeengebracht. Generaties toegewijde botanici, die ver en wars van het politieke gebeuren in het oude 'Indië' in alle rust hun gang konden gaan, hebben op die zeventig hectare een adembenemend monument geschapen. Een monument van bloemen, planten en, vooral, bomen.
Ze zijn er allemaal. De bomen die Indonesië's lot bepaalden: de nootmuskaat en de kruidnagel. De bomen die het land rijkdom brachten: de kokospalm, de kina- en djatiboom, de hevea's en andere rubberleveranciers . . . De heilige waringin, de giftige antjar, de bamboes in allerlei soort en formaat, de reuzen uit de oerbossen met hun machtige plankwortels, de uitbundige bloeiers en de dragers van al die heerlijke Indische vruchten: de mangistans, de ramboetans, de pisangs, de doerians, de doekoes, de djeroeks . . .
De Tuin . . . met zijn vijvers, gazons, laboratoria, geheimzinnige stille plekjes, paviljoentjes, snelstromende Tjiliwoeng, rozentuin, kanarie- en palmenlaan . . . De Tuin . . . 'n stuk paradijs.

De bovenste foto op de bladzijde hiernaast dateert van omstreeks 1890. De foto daaronder is genomen in het begin van de jaren zeventig. Fruitverkopers zitten er geduldig te wachten op de toeristen en dagjesmensen die de tuin op vrije dagen bij duizenden komen bezoeken.

Achter de ingang van de plantentuin gaapt recht vooruit, als een donkere tunnel, de beroemde kanarielaan. Maar meer naar rechts schemert licht. Een vijver, een fontein en witte pilaren, die een eenvoudig koepeltje dragen. Onder die koepel, in marmer geslagen, staan woorden. Engelse woorden... Sacred to the memory of Olivia Mariamne...

...Gewijd aan de nagedachtenis van Olivia Mariamne.

Olivia Mariamne, die in het paleis van Bogor overleed toen haar man, Thomas Stamford Raffles, in het begin van de vorige eeuw voor Engeland het bewind voerde over de Indische eilanden. Olivia ligt niet hier in Bogor begraven. Haar graf was op Tanah Abang, de aloude begraafplaats van Jakarta. Toen dat kerkhof eind 1975 werd opgeruimd moest de Britse regering voor Raffles' geliefde Olivia een nieuwe rustplaats kiezen – zoals zoveel Nederlandse families dat moesten doen voor hùn op Tanah Abang rustende bloedverwanten.

Wie was ze, deze Olivia? Hóé was ze? En hoe is ze gestorven?

Veel is er niet over haar bekend. Wèl, dat ze Ierse voorvaderen had. Ze wordt beschreven als een levenslustige en energieke vrouw, die haar man met raad en daad terzijde wist te staan bij zijn moeilijke werk. Ze was al weduwe toen ze in 1805 met Raffles trouwde. Zij was toen 33, hij 23. De negen belangrijkste jaren van zijn leven deelde ze met hem en toen zij in november 1814 stierf leek de landvoogd een stuk van zich zelf te hebben verloren.

Haar dood kwam onverwacht, door een van die tropische ziektes, die zo snel en meedogenloos konden toeslaan. 'Ze verliet ons en de wereld,' schreef Raffles later, 'voor we goed en wel om ons heen konden zien.' Van zijn smart en van zijn liefde voor Olivia getuigen de innige, aan Byron ontleende woorden die hij liet aanbrengen op het monument, dat hij in Bogors Plantentuin voor haar oprichtte:

Oh Thou! Whom ne'er my constant heart
One moment hath forgot,
Tho' fate severe hath made us part,
I'll still forget thee not.

(De foto op bladzijde 110 dateert van ongeveer 1890; die op bladzijde 111 is gemaakt op 8 maart 1977).

'Boven hen spreidde zich de statige kruin van de overschoonen boom, die van zijn veruitgespreide takken zijn luchtwortels als koordeinden eener draperie liet nederhangen. Voor hen strekte zich het waterbekken uit, waarin de hoogopgespoten zilveren straal van de fontein met een harmonisch geklater en gemurmel neerviel en de wateroppervlakte kringsgewijze deed golven, welke golfjes den oever liefkoozend kwamen kussen. Bij het vorderen van de zon op haar baan was de morgenwind gaan liggen. Het was stil in de natuur; geen blaadje bewoog zich. De straal van de fontein spoot slank omhoog, spreidde zich, aan het einde der stijging gekomen, uit en viel loodrecht neer, alsof hij gedeeltelijk in zichzelven wederkeerde, hetgeen bij het voortduren van het waterspel een betooverend effect maakte.'

Zo beschreef in 1888 de reiziger M. Perelaer een van de lieflijkste plekjes van de Plantentuin, de kleine ronde vijver en het prieeltje dat aan de oever ervan onder een waringin staat. Jonkheer J. Rappard maakte er de tekening van die staat afgedrukt op de bladzijde hiernaast.

De tijd lijkt op dit plekje meer dan waar ook te hebben stilgestaan. Perelaers beschrijving past er anno 1980 nog precies zo op als in 1888; met dit ene verschil, dat de fontein nu spuit met zes stralen in plaats van met één (de foto onder de tekening).

De bezoeker die in vroeger dagen de kanarielaan bewandelde merkte na een paar honderd meter dat de groene muren naast hem plotseling openbraken. Dan stond hij oog in oog met een ander pronkstuk van Buitenzorg: het kostelijke buitenverblijf van de Hollandse gouverneur-generaals. Er waren wellicht mooiere paleizen in het oosten, maar er was er niet één dat in zo'n luisterrijk park lag.

Hier, aan de rand van de grote vijver stond ook een van de eerbiedwaardigste bomen van de tuin. Hij staat afgebeeld op de oude tekening hier links onder. De Engelsen noemden hem de 'reizigersboom'; de Hollanders hielden het op 'waaierpalm'. Maar botanisch gesproken waren de Indonesiërs er met hun 'pisang air' (waterbanaan) het dichtste bij. Want de waaierpalm is nauwer verwant aan de pisangs dan aan de palmen.

Vandaag de dag – de foto rechts onder laat dat nog eens zien – geldt voor het paleis van Bogor hetzelfde als voor de Plantentuin: het heeft niets van zijn schittering verloren. En ook de waaierpalm heeft, zorgvuldig gekoesterd door het tuinpersoneel, de jaren en de stormen die over Indonesië zijn gegaan doorstaan.

Waar de goden wonen

Honderden jaren lang lag ten noordoosten van Djokjakarta 'n enorme steenhoop, verborgen onder aarde en geboomte. Pas toen men – op last van de Engelse landvoogd Thomas Raffles – in 1814 op deze plek aan het graven ging werd duidelijk, dat hier, tussen de vulkanen van Midden-Java, een kunstwerk lag dat tot de meest unieke prestaties van het mensdom gerekend mocht worden.
Na jarenlange, moeizame arbeid was men in 1835 zover dat van de boeddhistische tempel die door de Javanen 'Boroboedoer' werd genoemd, het grootste gedeelte zichtbaar was. Om de (toen nog niet erg talrijke) toeristen te plezieren bouwde men daarna op de top ervan een uitkijktorentje, dat ook te zien is op de bovenste foto op deze bladzijde. Het is een opname die rond 1900 gemaakt is.
Van een afstand gezien (de foto beneden) lijkt de tempel sinds die tijd niet veel te zijn veranderd. Niets is echter minder waar. Er werden in de loop der jaren diverse grote restauraties aan de tempel uitgevoerd. Het resultaat daarvan is echter alleen van dichtbij goed te zien.

Op de bovenste foto: De 'stoepa's' op de Boroboedoer, zoals genie-luitenant Th. van Erp en zijn helpers die aantroffen in 1907. Daaronder: dezelfde stoepa's na de door Van Erp uitgevoerde restauratie. Van Erp herbouwde alleen onderdelen van de tempel waarvan met zekerheid kon worden vastgesteld wat hun oorspronkelijke vorm was geweest. Slechts bij de puntige top van de hoofd-stoepa week hij van dat principe af. Wat voor punt díe had gehad viel namelijk niet meer na te gaan, maar Van Erp vond dat er toch íets op moest. Op zijn keuze werd nogal wat kritiek geuit, maar in feite is men het er tot de dag van vandaag nog altijd niet over eens wàt er nou op die grote stoepa hoort.

De Boroboedoer was uiteraard ook een dankbaar onderwerp voor tekenaars. Lang voor er nog van restauratie van het bouwwerk sprake was tekende L. Rochussen de oostpoort op de eerste gaanderij en de doorkijk daarachter, verder de trap op. Links boven op deze pagina diezelfde doorkijk nú.

Verscholen achter palmen en kamponghuisjes staat op korte afstand van de Boroboedoer de kleine tjandi Pawon, de 'keuken' van de grote tempel. De opname hierboven dateert van 1920, de foto hiernaast van 1977.

Behalve een naam die deed denken aan een exotische bloem, had Singosari – even ten noorden van Malang – aan wie er toevallig verzeild raakte maar weinig te bieden. Het was een van die vele plaatsjes op Oost-Java, waar nooit iets gebeurde en ook nooit iets gebeuren zóú. Maar ooit was dat anders! Zo'n 450 jaar geleden was Singosari de residentie van een gevreesde en vechtlustige vorstendynastie. De laatste koning van die dynastie, Kertonegoro, liet in zijn stad een tempel (een 'tjandi') bouwen die de eeuwen heeft doorstaan. In de vorige eeuw (zie de foto hiernaast) was de tjandi van Singosari tot een deel van de natuur geworden. Hij hoorde er net zo bij als de bomen om hem heen.
Ook de tempel van Singosari (de foto op deze bladzijde) is kunstig gerestaureerd; hij staat er nu weer in al zijn glorie. Jammer is alleen, dat de omgeving van het gebouw daardoor ook veel aan sfeer heeft verloren.

Meer dan een eeuw oud is deze foto, van een van de reusachtige stenen wachters, die even buiten Singosari al eeuwen iets bewaken dat er niet meer is. Een poort . . ., een stad . . ., een paleis . . . ? Wat het ook geweest mag zijn, er is geen steen meer van over.

In 1870, toen de foto hierboven door een Hollandse suikerplanter werd gemaakt, was er nog iets dat op het restant van een muur leek, maar ook dat is nu verdwenen. De vervaarlijke wachter zit er tegenwoordig (zie de foto hiernaast), ontdaan van zijn grimmigheid en waardigheid wat opgelaten bij in een kleurrijk bloemperk. Toch is hij nog beter af dan zijn stenen collega, die enige tientallen meters verderop al sinds mensenheugenis tot aan zijn navel in de grond zit.

Boven: een uit het begin van deze eeuw stammende foto van de Tjandi Mendoet, enkele kilometers ten oosten van het plaatsje Muntilan.
Rechts: De Mendoet vandaag de dag. Bij de restauratie ervan heeft men bewust geen poging gedaan om het beeldhouwwerk rechts van de ingang te reconstrueren. Veel belangrijker is het inwendige van de tempel, waar een drietal imposante beelden van Boeddha, als de Verlichte, en de 'boddhisattwa's' Lokesvara en Vairapani op elke bezoeker een diepe indruk maken – en hem voor enkele momenten terugvoeren naar de onpeilbare grootsheid van Java's religieuze verleden . . .

Toen de hoogwelgeboren dominee baron W.R. van Hoëvell in de jaren veertig van de vorige eeuw een bezoek bracht aan de Oostjavaanse dessa Djaboeng, om daar 'eenen schoonen Hindoe-tempel te bezigtigen', kostte het hem nogal wat moeite die tempel te vinden. Pas toen hij er vlak voor stond, zo verhaalt hij, kreeg hij de tussen het geboomte verscholen toren in het vizier. De tekening hieronder is uit Van Hoëvells reisbeschrijving.
Het tempeltje van Djaboeng, dat dateert uit de tijd van het Madjapahitse rijk, is in zoverre bijzonder, dat voor de bouw ervan geen gebruik is gemaakt van andesiet-blokken maar van bruinrode tichels. Nog altijd ligt het wat achteraf; slechts een smalle zandweg voert erheen. En nog altijd (zie de foto hiernaast) is het omgeven door stilte, sawa's en geboomte.

Uit hetzelfde album als de tekening op bladzijde 116 stamt de prent die hierboven staat. Het is de Tjandi Sewoe, een uitgebreid tempelcomplex met een centrale hoofdtempel, in het aan tjandi's zo rijke gebied tussen Djokjakarta en Klaten. In totaal staan er op het terrein van Sewoe, dat 185 bij 165 meter groot is, 249 tempels en tempeltjes. In de vorige eeuw, toen de tekening gemaakt werd, was nog enigszins te zien hoe de hoofdtempel van Sewoe eruit gezien moet hebben. Op het ogenblik rest van de tempel nog slechts een stenen stomp, die te zien is op bladzijde 125.

Een waar meesterwerk van restauratiekunst werd door Hollandse en Indonesische restaurateurs verricht aan de Tjandi Prambanan, een tempel die velen voor fraaier en indrukwekkender houden dan de wereldwijd bekende Boroboedoer. In 1918 werd aan de restauratie van de aan Shiva gewijde hoofdtempel van Prambanan begonnen. Het zou tot 1954 duren voordat het 47 meter hoge gebouw eindelijk in zijn oude luister hersteld was. Jaren lang lag het werk soms stil, omdat er lange, principiële discussies werden gevoerd over de vraag wat bij een restauratie was toegestaan en wat niet. En jarenlang duurde het soms voor de stenen die bij één bepaalde bouwlaag hoorden bij elkaar waren gezocht uit de enorme massa steenblokken die rond de ruïne verspreid lagen . . .
Het tempelcomplex, dat tegenwoordig Loro Djonggrang wordt genoemd, werd gebouwd rond het jaar 900. Maar reeds spoedig daarop moet het verval zijn begonnen. In 1584 veranderde een zware aardbeving de laatste nog resterende tempels in rommelige steenhopen, die snel overwoekerd raakten door bomen en struiken. Soms was wat daaronder te zien was toch nog indrukwekkend genoeg. In het begin van de vorige eeuw trof een reiziger de Shiva-tempel van Prambanan aan zoals hij staat afgebeeld op de tekening bovenaan deze bladzijde. Uiteraard trokken de ruïnes ook de aandacht van archeologen, maar pas rond 1885 resulteerde dat, wat de Prambanan betreft, in pogingen om de tempels enigszins te restaureren. De lijfarts van de sultan van Djokjakarta, J. Groneman, begon in 1889 met een 'grote schoonmaak' op het complex. De Shiva-tempel kwam onder het groen en de aarde uit als een vormloze opeenstapeling van andesiet-blokken, waarin nog slechts de trappen enigszins herkenbaar waren gebleven. Op de middelste foto staat de tempel, zoals Groneman hem terugvond.
De opname helemaal onderaan toont datzelfde gedeelte van de Shiva-tempel, na de restauratie van het bouwwerk, die na veel studies en veel discussies in 1937 opnieuw ter hand werd genomen door de Nederlands-Indische Oudheidkundige Dienst. Hoewel er rondom het gebouw duizenden stenen lagen, die van de oorspronkelijke tempel afkomstig waren, was het terugvinden ervan een ware heksentoer. In 'Herstel in eigen waarde' schreef A.J. Bernet Kempers: 'Het zou een ideale toestand zijn, wanneer een in elkaar gestort bouwwerk weer gaaf uit zijn fragmenten zou kunnen herrijzen, maar helaas is dat nooit het geval. Altijd is er wel

iemand, zijn er velen geweest, die stenen hebben weggehaald en daarmee de restaurateur beroofd hebben van stukken van zijn bouwpuzzel. Altijd ontbreken er wel fragmenten op min of meer vitale delen. Zijn het er te veel, dan . . . gaat de wederopbouw eenvoudig niet door.'
Gelukkig ontbrak er van de Shiva-tempel niet zóveel. Er moest op een aantal plaatsen wel met nieuwe steen gewerkt worden, maar wat teruggevonden werd was genoeg om de tempel weer in zijn oude luister te herstellen.
Op bladzijde 127 nog eens twee opnamen uit een andere hoek. De bovenste toont de Shiva-tempel, zoals die erbij lag in het begin van de jaren twintig. Daaronder, hetzelfde tempelgedeelte vandaag de dag.

Hiernaast nog één keer de Shiva-tempel, in zijn volle glorie. Monumentale trappen, tientallen kleine stoepa's en ontelbare ornamenten getuigen van de bouwkunst van de oude Javanen – en van het meesterschap van de restaurateurs.

Ook de bijtempels op het Prambanan-complex waren voor een deel van imposant formaat. De bovenste foto hieronder laat zien hoe Groneman de zogenaamde Visjnoe-tempel aan de zuidoostelijke kant van het complex terugvond. Typisch is de boom, die tussen de stenen houvast voor zijn wortels gevonden heeft. Het is een situatie die bij een groot aantal Indische tempelruïnes aangetroffen werd. Meestal moesten die bomen omgehakt worden om restauratie van de tempel mogelijk te maken. Bij een andere Prambanan-tempel heeft men, zoals de foto onderaan laat zien, zo'n boom echter kunnen laten staan.

Het leven langs de weg

In 1930, toen de foto hiernaast gemaakt werd, kon je hem nog overal in Batavia aan het werk zien: de toekang ramboet, die je aan de kant van de weg, in de schaduw van de een of andere boom, een knipbeurt gaf. Tegenwoordig is de openlucht-barbier in de centra van de grote steden een zeldzaamheid geworden. Maar buiten, op het platteland, is hij nog wel in actie te zien. Zoals in Siporok, op Sumatra, waar de foto hieronder enkele jaren geleden gemaakt werd.

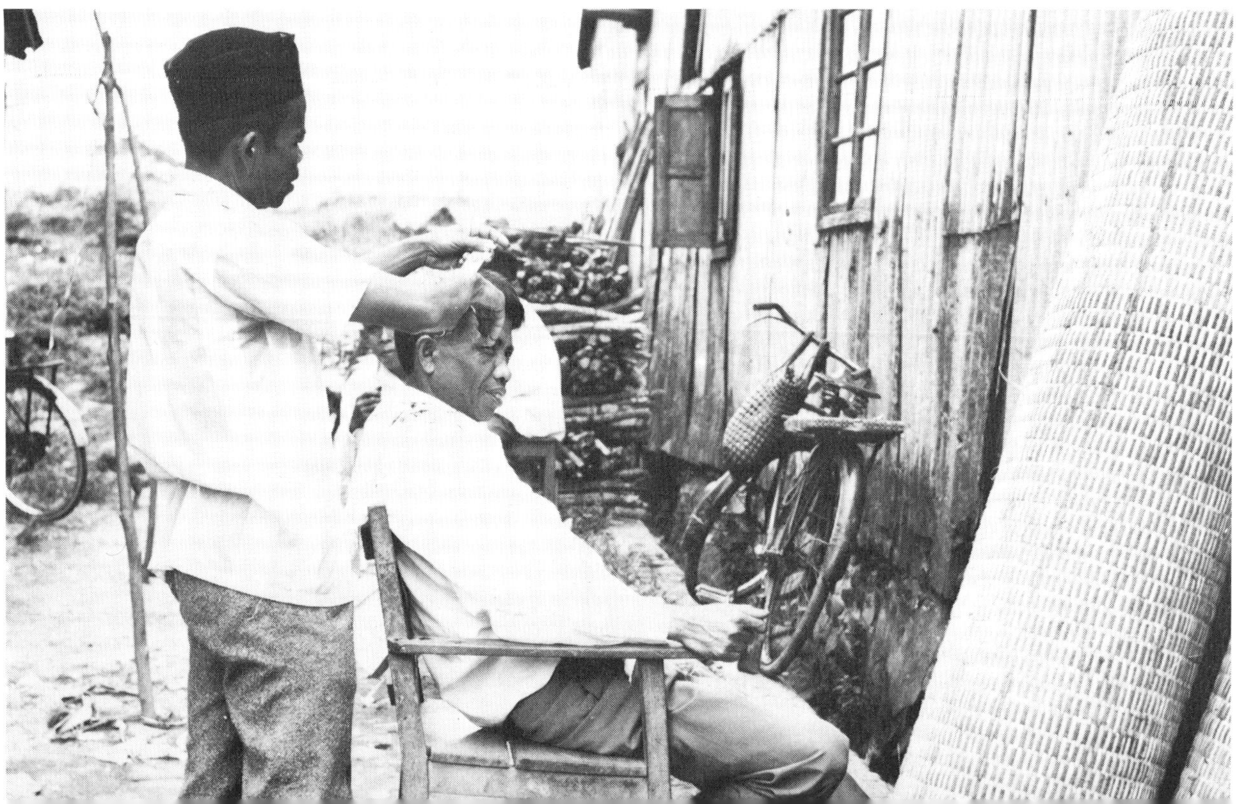

Geen pasar was compleet als er niet een hoekje was waar je obats kon krijgen; middeltjes tegen alle pijnen en kwalen die je in de tropen kon oplopen. Uit de jaren twintig dateert de opname hieronder, van een vrouw op de pasar in Djokja, die voor haar klanten djamoebagolan bereidt.
Tegenwoordig kent Indonesië wat meer officiële drogisterijen en apotheken dan vroeger, maar ook op de pasar kun je nog altijd voor je drankjes en zalfjes terecht. Kijk maar eens wat de man op de foto helemaal beneden, die zijn handel heeft uitgestald op een pasar in Boekittinggi, allemaal aan te bieden heeft. De foto is gemaakt in 1978.

Waar men ook niet buiten kon, was een koele en bacillen-vrije slok op z'n tijd. De vele limonadefabrieken en -fabriekjes konden je die slok verschaffen. In tientallen tjaps, tientallen kleurtjes en smaken boden ze hun produkten te koop aan. Zo'n stalletje vol rijen flesjes was altijd een kleurrijk gezicht – en het is dat nog.
De bovenste foto op deze pagina is 'ergens op Java' gemaakt rond 1930; de onderste toont ons een hedendaagse limonade-stand, ergens in Jakarta.

’n Chinese toko blijft een Chinese toko, wáár die ook staat. De bovenste foto op deze bladzijde toont ons een vooroorlogse, in Batavia. De volle rekken met de ijzerwaren die deze Chinees verkoopt, het getemperde licht in het winkeltje, de zwijgende eigenaar achterin, het is allemaal volkomen stereotiep. Zoals alle Chinese toko’s dat zijn, ook vandaag de dag nog. Vergelijk de bovenste plaat maar eens met die hiernaast, van zo’n toko anno 1978, in Balikpapan. Is er nog enig verschil?

Wie nooit, zoals de Europese dame op de oude foto hiernaast, heeft rondgewandeld op de pasar boeroeng, de vogelmarkt van een Indische stad, is een heel bijzondere ervaring misgelopen. De ontelbare schakeringen van kleur en geluid die je er tegenkwam konden alleen nog overtroffen worden door de hoeveelheid varianten die de kooienbouwers wisten te bedenken. Ook tegenwoordig zijn die kooien er nog in de vreemdste vormen en maten, al wordt dat dan niet zo duidelijk op de opname onderaan deze bladzijde, gemaakt op de huidige vogelmarkt in Jakarta.

Als 'inlander' kon je naar hartelust kiezen uit de tientallen lekkernijen die werden klaargemaakt in de stalletjes langs de weg, waar Indische vrouwen met de eenvoudigste middelen de heerlijkste gerechten pleegden te bereiden. Als Europeaan kon je je maag er maar beter niet aan wagen. Sakit peroet kon dan wel eens het onwelkome gevolg zijn.
Ze waren in het oude Indië alomtegenwoordig, deze allersimpelste vormen van het restaurantbedrijf. En ze zijn het nog. Sterker: ze lijken zelfs in aantal te zijn toegenomen.
De twee foto's op de bladzijde hiernaast dateren allebei van na de oorlog. De bovenste werd in 1955 gemaakt tussen Gegesik en Ardjawinangoen op West-Java; de onderste in 1970 op Bali.

Voltooid verleden tijd

De KNIL-soldaten die in vroeger dagen behoorden tot de bezetting van fort Rotterdam in Makassar moesten, als ze het fort aan de zeezijde wilden verlaten, maar liefst drie poorten door. En bij de buitenste moest dan ook nog de schildwacht gepasseerd worden (zie de foto op de bladzijde hiernaast).

Die schildwacht . . . Al was hij in de Indische archipel geboren als zoon van een Indische vader en een Indische moeder, hij stond daar als vertegenwoordiger van het Koninkrijk der Nederlanden, en van Hare Majesteit en van Het Gezag. En hij was zich dat zeer wel bewust. Maar dat Nederlandse gezag is Voltooid Verleden Tijd geworden . . . en daarom wonen zijn kinderen nu misschien ergens in Nederland in een kille nieuwbouwwijk . . .

Bij de restauratie van het fort door de Indonesische tegenhanger van 'Monumentenzorg' is de buitenste poort verdwenen, en daarmee ook het bordje STAPVOETS RIJDEN. Maar daarvoor in de plaats is, zoals de foto hieronder laat zien, de aanduiding 'Fort Rotterdam' verschenen.

Er zit nog steeds een wachter bij de poort, maar hij draagt geen KNIL-uniform meer. Híj is er om van de toeristen die het fort willen bekijken de entreegelden te heffen, die moeten helpen de kosten van de restauratie te bestrijden.

Onder de fameuze drie bogen van koffiehuis 'Grimm' in Soerabaja liggen ontelbare zoete herinneringen van oud-bewoners van deze stad en haar omgeving. Het koffiehuis, uiterst strategisch gelegen op de tweesprong van Pasar Besar en Kramat Gantoeng, was vaak het eindpunt van familieuitstapjes. Pa kon er zijn kroost trakteren op de smakelijkste sorbets van Oost-Java en ma kon er kiezen uit een hoeveelheid zoet gebak. Niet voor niets heette 'Grimm' in de volksmond 'het taartjespaleis' . . .

Reeds lang voor de tweede wereldoorlog kwam er een eind aan al dit heerlijks. Het restaurant werd gesloten en in plaats van gebakjes werden er autobanden verkocht. Tegenwoordig heeft het gebouw echter weer iets van zijn oude bestemming terug. Je kan er althans weer 'consumpties' krijgen, want het is nu een kantine van de Angkatan Laut, de Indonesische marine.

Een van de bekendste hotels van het oude Indië lag in Buitenzorg. Het was 'Bellevue', gebouwd op de plaats waar de Grote Postweg een scherpe bocht naar links maakte. Voor de Batavianen van eertijds was 'Bellevue' de dichtstbijzijnde gelegenheid om 'buiten' te zijn. Heel wat nieuwelingen in de Oost zullen vanaf de galerij aan de achterkant van het hotel voor het eerst een echte Indische kali hebben gezien; en de eerste echte Indische berg. Dat wil zeggen, als de wolken ten minste weer eens niet te laag hingen, want in dàt geval zag je wèl de Tjisadane (de kali), maar niet de Salak (de berg).
'Bellevue' bestaat niet meer. Het oude hotel is nog niet zo lang geleden afgebroken. Op de plaats ervan staat nu een soort winkelcentrum. Maar het uitzicht daarachter is nog hetzelfde: de Tjisadanè stroomt er nog – en de Salak hult zich weer eens in nevelen. De bovenste foto op deze bladzijde is in 1910 gemaakt vanaf de achtergalerij van 'Bellevue', de onderste vanaf dezelfde plek, in 1977.

Witgekalkte potten in allerlei vormen en afmetingen hoorden eertijds tot de standaarduitrusting van een Indische voor- of achtertuin. Ze beheersen ook het beeld op de foto hieronder, die zo'n negentig jaar geleden gemaakt werd vanaf de voorgalerij van het statige residentiehuis in Bandoeng.
De foto op pagina 141 is vanaf dezelfde voorgalerij genomen op 16 november 1975. In het oude residentiehuis zetelt nu de gouverneur van West-Java, de Indonesische wel te verstaan.
De plantepotten blijken geheel en al uit het beeld te zijn verdwenen. Het voorplein ziet er anno 1975 een heel stuk strakker uit, 'cleaner' ook. Er staan nog steeds pilaren en pilaartjes aan weerszijden van de ingang, maar het zijn niet meer dezelfde als vroeger. Het grote grasveld daarachter, dat op de oude foto nog te zien is, is helemaal volgebouwd. De weg die van het gouverneurshuis naar het centrum van de stad loopt wordt tegenwoordig een paar honderd meter verderop gesneden door de spoorlijn die via Ciamis (vroeger Tjiamis) naar Djokjakarta loopt.
Maar één ding is er nog. Het boompje dat op de oude plaat links van de ingang tussen de twee smallere pilaartjes staat, is uitgegroeid tot een reus die aan deze kant het uitzicht vanaf de galerij volledig beheerst.

Lommerrijk, leeg en landelijk – dat was de 'Sociëteitsstraat' in Makassar zo'n zestig jaar geleden (bovenste foto). Makassars 'soos', een van de befaamdste van Indië, was gevestigd in het laatste gebouw van de huizenrij links.

Van die hele rij (zie de onderste foto) is niet één huis overgebleven. En de bomen . . . ? Lang geleden al gerooid. En 'leeg en landelijk' is de straat óók al lang niet meer.

De valleien rond de stad Ambon, met hun verborgen watervallen, romantische plekjes en prachtige vergezichten, droegen in niet geringe mate bij aan de faam van Ambon als 'Parel van de Molukken'. Genóémd waren ze naar de vorm of de kleur van het gesteente dat er aan de oppervlakte kwam: Batoe Gantoeng, Batoe Medja, Batoe Gadja. De tekening van Van de Velde op de bladzijde hiernaast laat zien hoe arcadisch Batoe Gadja er in de vorige eeuw nog uitzag.

Op de foto daaronder: de oude valleien zijn nu buitenwijken van de stad Ambon. En waar in Van de Veldes tijd nog het vee graasde spelen Ambonese jongens een partijtje voetbal . . .

Verantwoording van de illustraties

De gebruikte afbeeldingen zijn afkomstig van:

Koninklijk Instituut voor de Tropen te Amsterdam, pag.:
2; 4 en 5; 6 en 7; 9,b; 10; 12,b; 13,b; 13,o; 14,b; 15,b; 15, m; 16; 17,b; 18,b; 19,b; 21,b; 22,b; 23,b, 23,m; 24; 26,b; 27,b; 28,b; 30,b; 31,b; 36; 38,b; 39,b; 41,b; 42,b; 43,b; 44,b; 46,b; 46,o; 47,b; 47,o; 48,b; 48,o; 49,b; 49,o; 50,b; 50,m; 50,o; 51,b; 51,m; 51,o; 52,o; 53,b; 53,o; 54,b; 54,o; 55,b; 56,b; 57,b; 58; 62; 64; 66,b; 67,m; 70,b; 71,b; 71,o; 72,o; 76,b; 77,b; 77,o; 82,b; 83,b; 85,b; 86; 88,b; 89,b; 90,o; 91,b; 93,b; 97,b; 98,b; 99,b; 100,b; 101,b; 101,m, 102; 104; 106,b; 107,b; 109,o; 112,l; 113,b; 114,b; 114,o; 115,b; 117,b; 118; 120; 122,b; 123,o; 126,b; 126,m; 127,b; 129,b; 130,b; 130,o; 131,b; 131,o; 132,b; 132,o; 133,b; 133,o; 134,b; 134,o; 135,b; 135,o; 136; 138,b; 139,b; 142,b.

Collectie Pierre Heijboer, pag.:
2, inzet; 5, inzet; 6, inzet; 9,o; 11; 12,o; 14,o; 15,o; 17,o; 18,o; 19,o; 20,o; 21,o; 22,o; 23,m; 23,o; 25; 26,o; 27,o; 28,o; 29,b; 29,o; 30,o; 31,o; 32; 33; 35,b; 37; 38,o; 39,o; 41,o; 42,o; 43,o; 44,o; 45,b; 45,o; 52,b; 55,o; 56,o; 57,o; 59; 60,b; 60,o; 63; 65; 66,o; 67,o; 68,o; 70,o; 72,b; 73,b; 73,o; 74; 75; 76,o; 79; 80,o; 82,o; 83,o; 84,b; 84,o; 85,o, 87; 88,o; 89,o; 90,b; 91,o; 93,o; 95; 96; 96, inzet; 97,o, 98,o, 99,o; 100,o; 101,o; 103; 105; 107,o; 109,b; 110; 111; 112,r; 113,o; 116,b, 117,o; 119; 121; 122,o; 123,b; 125; 126,o; 127,o; 128; 129,o; 137; 138,o; 139,o; 140; 141; 142,o; 143,b; 143,o.

Capitol Press, pag.:
35,o; 106,o.

Museum voor Taal-, Land- en Volkenkunde, Leiden, pag.:
20,b.

Instituut voor Taal-, Land- en Volkenkunde, Leiden, pag.:
67,b; 68,b; 94; 116,o.

Collectie Unieboek, pag.:
80,b; 124.